同学，咱们聊一聊青少年赌博

〔美〕卡罗尔·西尔弗曼·桑德斯　著
卢小香　译

Straight Talk about Teenage Gambling

Carol Silverman Saunders

商　务　印　书　馆
2007 年·北京

图书在版编目(CIP)数据

同学,咱们聊一聊青少年赌博/(美)桑德斯著;卢小香译. —北京:商务印书馆,2004
(同学,咱们聊一聊)
ISBN 7-100-04258-5

I. 同... II. ①桑… ②卢… III. 赌博-危害-青少年读物 IV. C913.8-49

中国版本图书馆 CIP 数据核字(2004)第 101171 号

TÓNGXUÉ, ZÁNMEN LIÁO YĪ LIÁO QĪNGSHÀONIÁN DǓBÓ
同学,咱们聊一聊青少年赌博
〔美〕卡罗尔·西尔弗曼·桑德斯 著
卢小香 译

商 务 印 书 馆 出 版
(北京王府井大街36号 邮政编码 100710)
商 务 印 书 馆 发 行
北京瑞古冠中印刷厂印刷
ISBN 7-100-04258-5/G·666

2004 年 12 月第 1 版 开本 787×1092 1/32
2007 年 1 月北京第 2 次印刷 印张 3¾
定价:8.00 元

序

林崇德

读了写给中学生朋友的“同学，咱们聊一聊”丛书，联想颇多。

早在 1983 年，我在北京出版社出版过《中学生心理学》。我之所以写这本书，固然因为我是一名心理学工作者，然而，更重要的是，我当过 13 年的中学教师（自 1965 至 1978 年）。我热爱中学生，也熟悉中学生。处于青春发育期或青少年期的中学生阶段，是人生的黄金阶段之一。青春是美好的，青春期也是人生最宝贵而又丰富多彩的年华。青少年最突出的表现是朝气蓬勃、风华正茂、富有理想、热情奔放，他们释放着聪明才智，身心都在迅速成长。青少年期是一个过渡时期，其首要特点是过渡性，即从幼稚（童年期）向成熟（成人期）过渡，是一个半幼稚、半成熟的时期，是独立性与依赖性错综复杂、充满矛盾的时期。

青少年希望受到人们的重视，把他们看成“大人”，当成社会正式的一员。他们思想比较单纯，很少有保守思想,敢想、敢说、敢为。但是,在他们的心目中,什么是正确的幸福观、友谊观、英雄观、自由观和价值观,还都是谜。他们的自尊心和自信心在增强,对于别人的评价十分敏感,好斗好胜。然而,他们的思想也具有片面性,容易偏激,容易摇摆。他们的道德感、理智感和美感等高级情感在逐渐成熟。他们很热情,也重感情,但有极大的被动性,情绪情感的两极性明显,激情常常占有相当的地位。他们的意志特征在发展,在克服困难中毅力往往还不够。他们往往把坚定与执拗、勇敢与冒险混为一谈。他们精力充沛,能力也在提高和显露,但性格未最后定型,有时难以找到正确的活动途径。总之,青少年处于人生的十字路口阶段,难怪国际心理学界赋予他们种种"桂冠":"心理断乳期"、"疾风暴雨期"、"反抗期"、"危机期"。所有这一切,亟需教育与培养,亟需学校、家庭和社会三方面的配合,从而使青少年度过人生有意义而动荡的阶段。

商务印书馆十分重视处于青春发育期或青少年期的中学生的教育和培养工作,引进了美国出版的《同学,咱们聊一聊》的中学生读本。我仔细阅读了10册内容,觉得有四点值得充分肯定:

第一,讲究科学性,即上能根据教育目的和教育任务内容，下能针对学生特点，以便达到应有的效果。这套丛书作者的目的，不是就某个问题给青少年一个简单的答案或道德方面的评价，而是根据中学生读者的特点，通过社会科学和自然科学知识，帮助青少年澄清一些问题，提供一些不同的选择，并引导他们思考，然后作出某种抉择。

第二，强调可读性，即从社会学、生理学、心理学等学术的角度出发，以个案研究的结果，用种种不同的故事，通俗易懂地阐述问题，给出每个问题的当代同龄人的生活背景和生活知识，贴近读者，突出了可读性。

第三，强调实效性，即讲究效果。这里的10册书的内容包括中学生每天要接触的社会、学习、生活现实问题：钱、抽烟、家庭、家长、欺侮、死亡、学习生活、学习障碍、青少年赌博、心理障碍，通过实实在在的晓之以理，无形的德育尽力落到学生的观点和行为实处上，以便取得实用的效果。

第四，注意严谨性。这些“同学，咱们聊一聊”，毕竟译自美国的作品，中美的文化背景有差异，教育内容有区别，生活方式也不同，所以，商务印书馆编辑倪乐严格把关，取其精华，让中学生更健康地欣赏外国的作品。

我恳切地希望广大中学读者喜欢这套丛书，用自己的审阅能力，消化各种内容，并热忱地为作者、译者和出版者指出不足。

是为序。

中学生：我像一棵树

在中学生活中，我们有比以前任何时候都难的功课，有比以前任何时候都多的问题。正因为这样，我们比以前任何时候都更需要关注和帮助。

有空闲的时候，可能我们会静下来想一想，应该怎样学习，应该怎样面对生活，应该怎样克服各种困难、应对各种麻烦。有那么多的事情摆在我们面前，等着我们处理，我们目前要解决的是每天的功课、作业和各种考试，过些时候我们还要考虑中考、高考和就业。

我们都想有快乐的生活和顺利的学业，都愿意和老师、家长保持良好的关系，和同学、朋友和睦相处。因为，无论是突然之间还是循序渐进，我们都意识到，不能总依靠家长，我们要有自己相对独立的生活，包括约会、参加社会活动和解决学习上、心理上的问题。但是我们离不开家庭的养育，离不开老师教导，况且我们身上总有这样那样的问题，总会惹出各种麻烦事，需要家长和老师帮助才能解决。

如果有什么人想用一句话概括中学生的形象，或许可以这样回答吧——中学生像一棵树。的确，中学生正处在身体、知识和生活经验的成长积累阶段。在这个重要的过程里，自然会发生很多意料之中和之外的事情，就像一棵树会长出枝杈，这些枝杈有的以后会变粗，有的可能必须被砍掉或被整形。这些枝杈的好坏直接关系到这棵树是否茁壮，是否可以成材。而这些事情中有一些是中学生必须面对的，如培养学习能力，认识和家长的关系，结交新的朋友，建立消费观念，适应身体的发育，面对社会现象和处理各种社会关系……这些在中学阶段生出的枝枝杈杈，就成了忙忙碌碌中学生活的组成部分。

可是中学生们是否想到过，解决这些问题最主要的依靠是什么？

我们通过出版这套“同学，咱们聊一聊”丛书，把我们对中学生的想法告诉大家。每本书名都直接给读者点明一个问题，也就像在一棵树的图画上放大局部的一个枝杈。其实，书里讲的无非集合了成年人的经验和比较科学的道理。同时，每本书里都穿插了一个或几个美国中学生的故事。这些故事无非是告诉读者，他们对这些问题的态度、分析和解决办法。因为我们知道，解决这些问题离不开自己不断提高的能力和知识，离不开和朋友、家长及老师等人的沟通和他们的帮助，而所有的这些无不体现着对自己、对别人的尊重和爱护。这就是我们人类特有的情感和理念，它叫“人文关怀”。在人文关怀的文化中，每个中学生是都能够成材的。

我们还要告诉大家的是，这套丛书的翻译工作得到了福建师范大学外国语学院的大力协助。

商务印书馆编辑部

2004 年 12 月

目　录

1

高科技社会的赌博

戴夫和他的朋友都喜欢打扑克。他们5个人每个周末都聚在史蒂夫家。他们之所以在史蒂夫家玩是因为他家有张大桌子，用这张桌子打扑克再理想不过了。

牌友们都有自己打牌的习惯。例如，戴夫总是穿他那件灰色的“幸运”T恤，戴那顶“幸运”棒球帽。有一次打牌的时候，他还把帽子翻过来装筹码。

戴夫和朋友们定下赌博的限额：每个打牌的人每晚最多赌5美元，每赌一把最高赌注1美元。这一规定对他们很管用，他们差不多得花4小时才能赌完5美元。戴夫觉得和朋友打扑克花的钱比看电影少，玩的时间却比看一部电影的时间更长。

萨姆喜欢另一种赌博方式，一种和他的爱好——好莱坞电影——相关的赌博。他想当导演，而且打算上电影学校。他每晚都租片看,每片必看。萨姆密切关注杂志、电视上有关电影的报道。有一天,他看了一篇有关经营赌金像奖的报道。萨姆觉得让足球队的队员赌金像奖一定很棒。

因此,萨姆打印了一张奥斯卡金像奖各个奖项的提名,复印后分发给他的队友。他的队友就每个奖项的得主打赌——最佳演员奖、最佳摄影奖等等。每注1美元,5美元为限。在电视宣布奖项的真正得主后,萨姆把钱分给猜对的人。

刚开始时,萨姆的教练觉得这样做不合适,他认为这是赌博。萨姆说服教练,使他相信这只是闹着玩的。萨姆还想第二年启动一个电子赌博,让他的队友们赌下一届政界候选人。

安德烈娅从不赌博,就连像萨姆那样赌金像奖也没有过。她不理解为什么戴夫他们那些人喜欢打扑克、赌钱,买彩票,或者到赌场去赌博。她认为赌博就是把美元揉碎扔进垃圾桶。她的一些朋友想让她赌足球比赛,但她总是拒绝。最近,安德烈娅觉得要想和她的朋友一起出去但不赌博越来越难了。在安德烈娅的圈子里,似乎只要对运动感兴趣,就必须赌。安德烈娅觉得并不是全部运动都要赌博,但她的朋友却对她施加压力要她参与赌博。

麦克对赌博有浓厚的兴趣，因为他的父母多年来一直都在谈论它。整个童年，麦克天天看到他的父母打扑克。如果他父母去附近的赌场不带他去的话，他会觉得自己错过了很多令人兴奋的事。

从小学开始，麦克就一直用指头弹硬币。这种消磨时间的办法很有趣，而且他从不认为这是赌博。中学时他开始买彩票，现在他通过赌博经纪人赌足球、赌曲棍球比赛。他偷偷溜进赛马场赌马，他还开始去附近的赌场赌。他穿上西装会显得成熟一些，不会被赌场的保安盘问。但是麦克出问题了：他欠赌博经纪人 2 000 美元。他把表抵押给当铺，想偿还赌博经纪人赌债，但是他只当了 20 美元。绝望至极的麦克为了还清赌博经纪人赌债，甚至走上了犯罪的道路——上周，为了弄点硬币去打老虎机，他把自动售货机都砸碎了。他想，如果他赢得老虎机的一次大奖，他不仅能支付债务还能剩钱。

赌博社会

戴夫、萨姆、安德烈娅和麦克都生活在美国，这么一个法律公开允许成年人赌博的社会里。他们是第一代在这样的生活方式中长大的人。赌博历经数千年,但是从未达到像现在这样严重的地步。以前的人不会天天看到赌博广告,广告把赌博形容为一种有价值的娱乐活动。几乎所有的地方都有抽彩,而且很多地区还有赌场和赌马场。赌博光盘和在线赌博使人们在家赌博易如反掌。美国还有拉斯维加斯和大西洋城这样的度假胜地,原来仅对成年人开放,现在却对家庭开放。或许这本书的读者或家人还曾经在那儿或者其他以赌博为特色的胜地度过假呢。

赌博就是打个赌,不管赌不赌钱,只要打赌,事情的结果就是不确定的,或者打赌的事情的结果是取决于机会的,而且,任何参赌的人不因他的技能增加赢的机会,这就是赌博。打赌就是就某一事情的结果冒一次险,这个险就是失去一笔确定了数额的钱或者失去其他有价值的东西。就谁将赢得超级杯赛(自 1967 年起每年举行一次的美国全国橄榄球大赛)赌 10 美元是赌博。就谁将赢得一场掰腕子比赛,赌一杯甜品也是赌博。不论赌注是钱、食品还是其他一些有价值的东西,都是。

最受青少年欢迎的三种赌博是:和家人或者朋友玩的纸牌;赌足球或者棒球比赛,无论有没有非法赌博经纪人(经纪人就是那些确定赌注的数额并向欠账的人清偿债务的人);或者赌需要个人技能的比赛,如保龄球或滑板等比赛。

尽管在美国低于18岁的青少年买彩票、在赌场赌博、赌马一直都不合法,但仍然有很多青少年这么做。常常是他们的父母初次将他们带到赌博场所以后他们就开始赌博了。麦克就是这样的。像戴夫那样打扑克赌钱或者像萨姆一样经营赛事或奖项赌博虽然不是不合法,但是,美国的赌博专家说,不论合法与否,这类赌博也非常容易产生问题。美国大多数赌博的人将赌博限于一项社交活动,但是有相当一部分人发现自己的赌博已成为一个问题。他们的生活就是赌博;他们不能减少赌博或者控制赌博。随着美国越来越多的赌博合法化,有这一问题的青少年的数量也会增加。

通过观察所有有关赌博的事实,分析你对赌博的感觉,你可以作出对你管用的选择。你可能感到赌博正面的、有趣的、令人愉快的一面,但你也可能看见不舒服的、不愉快的、甚至可怕的一面。这本书将帮助你决定赌还是不赌,如果赌,怎样做合法的、低风险的选择,如果赌得失去了控制,你该怎么做。你还可以从这本书得知赌博可能对你的朋友、你的家人产生的影响。

过去的几周，戴夫一直没再打扑克。因为他经常输，所以他决定不打扑克，而是把钱存起来买音乐会的门票。他还想买一些新的光盘 。戴夫的退出令其他的家伙很失望。戴夫的朋友马里奥已经开始叫戴夫“扑克宝宝”了。另一个牌友，伊塔希，一再跟戴夫说，打扑克没有他没意思。虽然戴夫尽力装出没有压力的样子，但是他很恼火。戴夫认为赌不赌是个人选择，而且他很讨厌他的朋友老缠着他。戴夫也想他的牌友，但是他觉得做了决定并信守决定感觉很好。

萨姆赌着好玩，并没有大额地赌。因为他对电影业了解得多，他觉得赌 5 美元，他没冒多大的风险。实际上，在过去 3 年中，甚至在他还没经营赌金像奖之前，萨姆已经正确预言过最佳男女演员、最佳电影和最佳电影剧本。去年，他打赌 5 美元，赢了 35 美元。这让他高兴了好几周。他的一些朋友，当然，输了 5 美元。尽管他们对此感到不满，但至少他们没输多少钱。

安德烈娅的朋友赌各种运动，但是她却不赌，这让她有被朋友抛弃的感觉。她的一些朋友已经不再叫她玩儿了，而且有好长一段时间没人邀请她去看比赛了。安德烈娅努力工作挣钱，她帮邻居铲雪、用耙子清扫树叶。她想买一台新电脑，所以她把挣来的钱存入银行账户。她已经用赚来的钱买了一辆新的自行车和一些游戏光盘。安德烈娅弄不明白她为什么要用她辛辛苦苦赚来的钱去冒险。

安德烈娅正在考虑，或许她可以交一些新朋友，有一个女孩最近刚转到她们中学。安德烈娅想，或许明天吃午饭的时候她可以坐在那个女孩旁边，不坐她天天坐的那张桌子。或许，这个新来的女孩像安德烈娅一样，愿意参加一些除赌博之外的活动。这得冒点风险，因为她的朋友可能再也不与她交往了。但是，和冒输钱的风险相比，安德烈娅宁愿冒这种风险。

麦克老是想着什么时候可以再赌一把。吃早餐的时候，他在想下课后能否到彩票点买彩票。睡觉前，他躺在床上盘算周末在赌场要怎样玩 21 点。不幸的是，麦克的父母因为自己有更麻烦的事情，所以还不知道麦克的问题严重到什么地步。麦克的父亲从不着家，他总是在外赌博，麦克的母亲必须打两份工才够付账单，麦克的父亲一份工作也保不住。他们总是吵架，而且正在考虑离婚。

有时，麦克对自己的状况感到担心和沮丧。他好像总是在考虑到哪儿弄到更多的钱。他担心没钱还赌博经纪人赌债。他曾经想过偷他姑姑钱包里的现金，这种念头让他害怕。一想到偷他姑姑钱包里的现金或者干其他不合法的事要冒着被捉住的危险，他就越发感到沮丧。他希望他的问题能有个了结，但是他想不出要怎样了结。

赌博简史

赌博已有数千年的历史。在古巴比伦近东城市发现的残骸中已经有了公元前3000年赌博的痕迹。在欧洲，早在中世纪时（大约500到1500年）就举行过抽彩。第一个由政府发起的抽彩是1566年英国女皇伊丽莎白一世在英国推行的。

在著名的文学作品中对赌博也作了描述。《圣经》中提及的“抽签”就是赌博的一种形式。威廉·莎士比亚在他的许多戏剧中谈到赌博。俄国小说家费奥多尔·陀思妥耶夫斯基在1866年写了一本名为《赌徒》的小说——帮助他偿还了赌博欠下的债务。

美国的赌博史也很悠久。早期的美国英雄，如乔治·华盛顿和托马斯·杰斐逊都赌博。据说，下雨时，乔治·华盛顿整天用卡片赌博，他领导的那些士兵也一样。当时他们玩的一种比较流行的游戏叫掷钱币：一个士兵先赌正面或者反面，然后把一把半便士的铜币朝天上抛，等铜币掉到地上时，投掷者把他赌的那一面的铜币收集起来，其他的士兵收集剩下的铜币。托马斯·杰斐逊因赌博而负债累累，于是他安排了一次抽彩，奖品是他在蒙蒂塞洛的房产。但抽彩活动还没举行，他却死了。19 世纪中叶，赌博在美国西部的矿工和移民中也非常流行。以下是一张美国历史上重要的赌博日期表：

1621：殖民地限制赌博。

1665：第一个美国赛马跑道在纽约建造。

1682：宾夕法尼亚州的政府禁止赌博，但是人们照赌不误。

1790：抽彩广泛用于投资市政工程。

1815：美国第一家赌场在路易斯安娜州新奥尔良开张。

1835：新奥尔良政府宣布赌场不合法。

1887：发明老虎机。

1910：由于反赌博法的立法，合法化的赌博在美国名存实亡。

1931：内华达州政府宣布赌场赌博合法化。

20 世纪 30 年代至 40 年代：赌场和赛马在很多地方普及。

1941：拉斯维加斯赌场开始建造。

1946：美国黑社会老大“狂人”西格尔在拉斯维加斯开赌场。

1955：美国参议院调查与赌场相关的有组织犯罪。

20世纪60年代:各州抽彩普及。

1978：新泽西州大西洋城赌场合法化。

1988：《印第安人游戏管理条例》许可联邦对部落赌场的管理。

1997：因特网赌博普及,赌博站点超过300个。

赌博和承担风险的区别

我们经常被迫做不同程度、不同风险类型的选择。对某个人来说,能够轻松应对的风险,对其他人来说却可能是不明智的选择。例如,我们前面提到,很多人可能宁愿像萨姆那样,冒5美元的风险赌金像奖,也不愿像安德烈娅那样,冒失去朋友的风险换午餐座位。风险就是下决心从事一项结果不确定的活动。而赌博所作的决定,结果往往和赢钱或输钱、赢东西或输东西有关。

萨姆赌金像奖是赌博,尽管赌注很小,但结果是不确定的。相反，安德烈娅换午餐座位却不是赌博。安德烈娅换座位的确要冒风险，但是结果没有物质上的获益或者损失。还有一些是风险但不是赌博的例子：如画一张画参加美术比赛；对不受欢迎的人表示友好；给你不能确定会还礼的人送礼等等。

有些人说投资股票市场冒的风险与赌博相同。还有些人却不同意这样的观点。1997，纽约证券交易所起诉以华尔街为主题的拉斯维加斯赌场。纽约的一家名为纽约酒店 & 赌场的饭店建了一个看起来像纽约证券交易所的入口，牌子上写着“纽约市纽约证券交易所”，“纽约 $lot 交易所”（$lot 为双关语，其中的 $ 是美元的标志，lot 一词有运气的意思，所以既可以理解为“美元运气”，也可以将 $ 与 lot 拼成 slot：老虎机），以及“NY$E”（“纽约美元交易所”）。真正的纽约证券交易所称：赌场使用它的名字和招牌，使人误认为证券交易所赞助或者批准酒店和赌场经营，事实上它并没有。证券交易所认为赌博和投资证券之间有很大的区别。首先，赌博是娱乐，而证券市场关心的是不断发展的商业。另外，投资股票市场，购买的是一家公司的股权和其未来的行业前景。你用钱交换到的是一个公司的股权。而赌博买的只是一次收回赌资的机会，没有获得任何实体。但是，在股票市场，保证金购买可以认为是一种赌博形式，因为它是赊账购买股票，不是一定要补充现金。

赌徒的类型

为了了解赌博对人的影响，研究赌博的专家着眼于研究赌博的人究竟能赌到什么程度。赌博活动的范畴可以看成一个完整系列，以安德烈娅这样从未赌博且永远也不会赌博的那些人为起点，以麦克那样整个生命都由赌博构成的人为终点。也有很多人介于这两点之间，像戴夫和萨姆一样。

非赌徒

赌博频率最低的人被研究人员称为非赌徒。非赌徒对赌博不感兴趣。他们宁愿在其他活动上消磨时间和金钱。安德烈娅和大多数青少年，都属于这一类。

娱乐型赌徒

第二类最普遍的类型是娱乐型赌徒，例如戴夫和萨姆。娱乐型赌徒也被称为社交赌徒或临时赌徒。这些人把赌博视为一种娱乐方式。如果他们赌博时输了钱，他们只当是把钱用于娱乐消费掉了，就像买了一张电影票。因而,他们能根据自己的预算控制他们在赌博上的花费。他们不为强烈的赌博欲望所征服。正像一些人偶尔去看一场他们看不起的电影或者买一张他们买不起的光盘一样,因此娱乐型赌徒可能偶尔输一些他们输不起的钱,但是他们很容易就能使自己不再赌,直到收支平衡。

赌博爱好者

第三类最普遍的类型是赌博爱好者。这些人经常赌博,但是好像没有产生任何不可收拾的后果。他们的家庭和工作,或者学业是第一位的,赌博是第二位的,他们还没有由于赌博而欠债。

问题赌徒

问题赌徒是指有成为嗜赌成瘾赌徒危险的赌博爱好者。他们赌博时不再有任何乐趣。问题赌徒总是负债,可能经常作出不负责任的行为,而且还经常感到焦虑不安。

嗜赌成瘾的赌徒

在嗜赌成瘾的赌徒眼里,赌博是生命中惟一重要的事情。“嗜……成瘾”意思是做一件特定事情的强烈的、失去理性的愿望。这个词可用于赌博、喝酒或者清洁（嗜洁成瘾就是洁癖）。因为它要浪费大量的时间，而且就算有成就，成就也极小，所以“嗜……成瘾”的行为是失去理性的行为。麦克就是一个嗜赌成瘾的赌徒。

赌博影响着一个嗜赌成瘾的赌徒生活的方方面面，但是他并没意识到这一点。即便钱不够，嗜赌成瘾的赌徒也要赌，因为他们会去借，或者，如有必要，去偷。即使不够买吃的、不够付账单，嗜赌成瘾的赌徒也要赌。即使家人和朋友警告他们，说他们已经赌得太凶，他们也要赌。嗜赌成瘾的赌徒赌博不再是为了好玩，因为他们常常得担心怎样才能弄到下一次赌博的钱。赌博的瘾太大了，他们根本无法不赌。他们继续赌的愿望比任何不赌的愿望都更强烈。

因为全神贯注于赌博，嗜赌成瘾的赌徒可能失去工作，或者功课考试不及格。他们可能因为去赛马场或者去看他们已经参与赌博的一场比赛，多次爽约和朋友的电影约会，从而失去男友或女友。嗜赌成瘾的赌徒甚至可能偷家人、朋友或者陌生人的钱去赌博。

专业赌徒和罪犯赌徒

另外还有两类赌徒，不过，属于这一类型的人数极少。专业赌徒以赌博为生但是没有生活方式问题。罪犯赌徒通过使用做好记号的牌，预先准备好的骰子以及其他不合法的活动欺骗他人。这类赌徒也有可能是问题赌徒或嗜赌成瘾的赌徒。

青少年赌徒

很多赌博问题专家正在研究青少年赌徒属于哪一类。1995 年 4 月，哈佛大学医学院嗜好专业的副教授、主任霍华德·J. 谢弗博士；明尼苏达州嗜赌问题顾问委员会股份有限公司执行董事伊丽莎白· M. 乔治；马萨诸塞州嗜赌问题顾问委员会执行董事托马斯·卡明斯，组成了年轻人赌博问题北美智囊团。他们和其他专家一起，写了一份报告，在原有赌徒类型的基础上，添加了特别适用于青少年的赌博问题类型。他们把这一新的赌博群体确定为未成年赌徒，也就是低于最小法定赌博年龄的赌徒。

赌博数据

美国的赌博问题专家相信，在美国有成千或许数百万的青少年赌博，但就这一问题还没有任何全国性的调查生成一个全国性的统计。随着青少年赌博引起越来越多人的关注，他们将就这一问题作全国范围的研究。同时，专家依赖于地方和各州的调查、研究和数据。以下是北美智囊团 1995 年 4 月报告的年轻人赌博的一些事实和数据：

· 根据在新泽西州，加利福尼亚州，弗吉尼亚州和康涅狄格州独立调查汇编成的数据来看，未满 18 岁的青少年赌博人数超过 700 万。

· 这些年轻人中 4%至 7%的人达到问题赌徒的标准。

· 在全国近 100 万赌博的青少年中，10%至 14%的人有过赌博上瘾的一些症状。

· 这些参与赌博的青少年赌博上瘾的比率是成年人赌博上瘾比率的两倍。

· 男青年比女青年赌得更频繁。

· 父母有赌博问题的学生比父母没有赌博问题的学生赌博的可能性更大。

其他事实

· 在美国，除犹他州、夏威夷州以外的其余各州，一些赌博对成年人而言是合法的，但绝不针对青少年而言。这些赌博的形式包括抽彩、赛马、赌场、在印第安人居留地赌博，以及慈善游戏（收入捐给慈善机构的抽彩、宾果和其他比赛)。加拿大的各省都是如此规定的。

• 因为大多数青少年不愿意承认自己赌博,所以青少年赌博的实际人数可能要比研究调查显示的数据多得多。

• 虽然尚不知道青少年在赌博上究竟花了多少钱,但是专家相信很可能是数百万美元。

• 根据 1995 年一篇名为《赌博热感染新泽西青少年》的文章报道,尽管不足 21 岁的人进入新泽西赌场赌博是非法的,但是仅在 1995 年的前 6 个月,被赌场拒之门外的未成年人数却超过57 000人,被从游戏场所护送回家的未成年人数超过47 000人。

• 据美国全国问题赌博委员会称,5%至 7%的成年人嗜赌。

• 据美国全国问题赌博委员会称,新泽西州和内华达州等有赌场的州嗜赌的赌徒的比率比没有赌场的州高。

• 据美国全国问题赌博委员会称,在赌博合法化前,衣阿华州嗜赌的赌徒比率是 1.7%,但在赌博合法化后,嗜赌的赌徒比率上升到 5.4%。

• 据美国全国问题赌博委员会称,社会每年平均损失50 000美元在每个未经治疗的赌徒身上——欠债、失去生产力、法律和刑罚花费、福利，以及对受害者及其家庭的其他形式的社会帮助。

·赌博人数正在增长。据一本专为赌博业出版的杂志《赌场杂志》报道，1995 年赌场接待了来自超过3 400万个家庭的1 500万人，比 1994 年超过 20%。

·据美国全国问题赌博委员会称，在 1996 年嗜赌热线创记录的35 000个热线电话中，20%的热线电话是青少年和青年人打来的，其中 45%的人说他们赌体育比赛。

我们的赌博社会

难怪青少年喜欢赌博。赌博能带来兴奋、风险和竞争。所有这些都是美国社会的价值观。赌博的兴奋好像能使人想逃离日常生活就能逃离。相比之下，对那些受到赌博可能赢钱诱惑的青少年而言，家务事、学校、家庭作业和家庭生活看起来比赌博枯燥得多。

与我们承担的其他风险相比，冒赌钱的风险看起来是无害的。比如，一些人可能会说，就是过个街也可能冒生命危险。当然，我们每天都要面临很多大大小小的危险。我们承担风险的结果有好有坏。例如，我们对其他人透露自我的真实想法时所冒的风险，使我们的感情可能被伤害。但另一方面，我们的感情也可能变得更深，更令人满意。在一场棒球比赛中，投一个快球所冒的风险是帮你赢得比赛或者输掉比赛。选一门难度大的课程所冒的风险是你不能得高分，但也可能为自己创造学习新东西的机会从而发现自己的潜能。

你可能对赌徒之间的竞争感到很熟悉，因为生活的每个方面都存在竞争。你可以和你的兄弟姐妹抢最后一块馅饼，或者争取选择家庭度假点的机会。也可以和其他学生争作学校戏剧表演的主角、排球队的一个名额，或者地理比赛的奖项。当然，如果你参加某一体育比赛，你还可以同其他运动员竞争。

社会以各种方式明确支持赌博。有时，政府对抽彩等活动的支持，给人一种赌博是有益身心健康的娱乐的印象。

在大多数国家，你很可能在电视、广告栏、收音机和报纸上到处都看到赌博广告。即使自己一个人的时候不会想到赌博，但所有这些媒体对赌博的关注却使人想到赌博。社会允许赌博广告的事实是它支持赌博的又一表现。因此，一些人认为抽彩广告和结果应该像香烟的广告一样不允许上电视。

或许，因为赌博被列为成年人的活动，才激起了很多青少年赌博的兴趣。赌博作为正式舞会后的活动，或者，去赌场赌博，以此来度过 18 岁的生日已经成为很多美国青少年进入成年的一种仪式。

现在，美国很多赌场都说自己是面向家庭的。他们提供照看小孩的服务，并为青少年举办各种活动。老虎模型、巨大的火山和海盗战模拟场景使赌场看起来如同一个游乐园。即使小孩和青少年不能合法地在这些赌场赌博，仅仅和他们的父母在那儿待着就可能让他们想到尽快参与到赌博中去。

美国社会目前正竭力对付因特网赌博这一新现象。网上赌博企业家正在尽快地建设网站并在联邦政府或者州政府宣布他们非法之前投入使用。不过，不管政府作什么决定，总能在网上找到电子赌博，不管合法不合法。因为因特网太庞大，也太包罗万象了，任何政府都控制不住。

2

青少年赌博

萨姆真的发动大家赌选举，而且非常成功。他赢了 30 美元——尽管不如赌奥斯卡金像奖赢得多，但也不错。赌选举和赌奥斯卡赢的钱让他很激动，他开始考虑其他赌博赚钱的办法。或许他能组织一场掰腕子比赛，让朋友赌比赛结果，或者组织大家赌一场电视播放的足球比赛。这些想法非常吸引萨姆，因为通过这种方式他可以和朋友交往，那是他喜欢的。

安德烈娅知道她的一位朋友汤姆赌得很厉害，而且欠一个赌博经纪人许多钱。她听说赌博经纪人夜里到汤姆家，让他看一张被棒球棒砸得稀巴烂的小汽车的照片，并警告他如果他不马上付清赌债的话，他的小汽车和他父母的小汽车也会遭到同样的待遇。第二天上学时，汤姆把发生的一切告诉了他的朋友。第三天，汤姆开始想自杀。他真不知道如果他的父母知道他欠那么多钱的话，会作何反应。他害怕极了，他觉得自己无法面对父母，于是，他服了大量的药，差一点就死了，幸好，医生救了他的命。

麦克已经开始考虑他是否该设法减少赌博的次数。毕竟，他欠了很多钱，他不喜欢一直为这事烦恼。但是麦克发现他越想不赌博就越紧张。只要想到他将错过一个打赌的机会，他就会感到焦虑不安——就好像他将错过的是一辈子惟一的一次机会一样。

但是这周末是超级杯赛。这是他扳回今年输掉的钱的一次机会。再说，麦克想“这场比赛赌完我就再也不赌了”。麦克被邀请参加两个超级杯赛聚会，而且两个聚会他都去了，为的是给自己更多机会。在其中一个聚会中，小伙子们非常紧张，因为他们打赌的队要输了。他们互相推来推去，于是就打了起来。

这种事情每天都在发生，但是新闻不会把它们都报道出来。青少年赌徒犯错误、犯罪，甚至失去生命。他们中的一些故事确实上了报纸、上了电视，但是还有成千上万青少年赌博的故事未被报道。一些青少年赌博时很安全，很容易，而且没有任何明显的问题，但还有一些青少年却发现赌博导致了意想不到的问题。以下是一些青少年赌博后深陷困境的真实故事。

· 一华盛顿州的女孩因偷她做保姆那家的收藏硬币被捕。她说拿硬币是为了赌电子游戏。(J. 泰勒·巴克利,“你家十几岁的孩子嗜赌吗?”《今日美国》1995 年 4 月 5 日)

· 一马萨诸塞州的中学生 4 次“闯进”自己的房子偷电视机和银制品。他砸碎窗子制造盗贼破门而入的假象。他出售家里的贵重物品以支付自己的赌博损失。(出处同上)

· 一新英格兰少年参加一职业运动队,与队里签约后薪水之外得到 6000 美元,但是他却去赌马输了个精光。而后他从家里偷钱去赌。(出处同上)

· 一 17 岁的纽约少年逃课去大西洋城玩 21 点,输了11 000美元,回家后服用大量的药剂想自杀。幸好,他被救活了下来。(出处同上)

· 一新泽西州梅德福市肖尼中学 18 岁的学生被指控在走廊和教室聚众赌博,每周赌金达1 500美元。因为一学生开玩笑打了7 000美元的赌,青少年赌博经纪人坚持要他付钱,另一个学生才叫来警察并检举了他的同班同学。(朱迪·德黑,“打大赌的学生可能要付大钱”,《特伦顿人》1993 年 12 月 14 日。特伦顿为

美国新泽西州首府)

·一个16岁的男孩在一场保龄球联赛上赢了一些钱,然后带着赢来的钱到大西洋城赌场,不知怎的就赌上了。最初,他还赢了几千美元——最后却输了个精光。显然由于这次经验,他迷上了赌博。他用家人的名字开信用账户,然后从信用卡上预支现金赌博。一年内,他的债务累计达20 000美元。20岁那年,他因信用卡诈骗被捕入狱,在宾夕法尼亚联邦监狱服刑。(罗纳德·A.雷诺,“那些掷骰子的人来了:赌博对你们的城镇是臭赌注吗?”《政策评论:美国公民议事录》,1996年3-4月)

·在科伦波,斯里兰卡(一个以前被称为锡兰的岛国,位于印度的南边),100多台老虎机因用于未成年赌博而被查封没收。因为许多人投诉,那所学校的孩子上课时间到非法的赌场赌博,警察派了一个特警队搜查了投彩中心。(新华通讯社,网络新闻数据库,1997年4月2日)

·一位母亲带着她12岁的女儿到密苏里马里兰高地的一个赌场。这位母亲明知18岁以下的儿童不许进入赌场,她还给她女儿伪造了一张身份证。女孩正要下赌注时,警察找到她母亲并将她带走。赌场因在门口没严格检查女孩的身份证明被罚款250 000美元。三名认同女孩身份证的雇员被解雇。虽然母亲未被提起诉讼而释放，但她可能被指控危害孩子。（弗雷德·福斯特，“孩子下注，赌场遭罚”，《邮报快报》，1997年3月12日）

·一个16岁的男孩正要从他住的公寓大楼的屋顶上跳下来时，被他母亲发现。他说他想自杀，因为他欠一个赌博经纪人800美元，付款期限已过。他是一名优秀的运动员、学生，没有人怀疑他有赌博问题。（安妮特·韦克斯勒，“帮助嗜赌的青少年”，《纽约时报》，1994年12月11日）

萨姆的哥哥看了一些有关青少年赌博问题的文章并想帮助弟弟。他向萨姆建议，如果他想挣更多的钱，他应该找一个工作，或者为邻居做家务事，而不是赌博。萨姆与他的街坊邻居聊了聊，并和他们一起列出一张他能做的家务杂事的清单，以及邻居可能支付给他的工钱。清单上的家务有：除杂草，洗窗子，打扫车库，粉刷浴室等等。几个月后，萨姆做家务事挣了50美元。萨姆很高兴找到挣零用钱的路子，而不再赌博。

安德烈娅为汤姆的自杀未遂感到难过。她在想，她是否说过或者做过什么本可以阻止他服用大量药剂的话或事，她试图回忆汤姆是否暗示过她，他对自己赌博的问题感到不安，但她怎么也想不起来。安德烈娅决定以后如果再听到汤姆说一些令人担心的话时，她一定告诉学校的辅导老师。

麦克意识到，下一个在超级杯赛聚会上挨打的那个人很可能是自己。他知道，他经常就赌注的事与那些小伙子争吵。这次事件给麦克敲了一次警钟。他下决心要减少赌博，而且他必须想出一个办法还清自己欠赌博经纪人的钱。

体育运动赌博

各地的体育运动爱好者喜欢支持他们最喜爱的体育运动队，无论现场支持还是电视机前支持。而且大多数体育项目爱好者都喜欢就比赛的结果打赌。在美国很多地方，朋友们私下里就某项体育赛事的结果打个赌是合法的。但是，在公众中就体育比赛结果赌博只有在拉斯维加斯才是合法的。美国其他地方的法律都不许可公开就体育赛事结果赌博。不管怎么说，在美国，赌体育赛事是受到严格限制的；而且大多数体育运动项目不许可赌博。职业运动员不允许赌任何比赛，否则他们要冒停赛或者终身禁赛的危险。非职业运动员打赌一旦有第三者的介入，即赌博经纪人的介入，他的赌博行为就是非法的，而且构成犯罪。

很多超级运动明星有赌博问题。在过去几年，迈克尔·乔丹和皮特·罗斯就是其中的两位。他们被指控为非法赌博或者被说成是有赌瘾的运动明星。即使早在1919年，芝加哥白袜棒球队的8名成员，包括国家队明星乔·杰克逊，因非法赌博被终身禁赛。

非法体育运动赌博是美国孳蔓横生的巨大的地下生意。体育爱好者与非法的赌博经纪人打赌几十亿美元。专家认为非法体育运动赌博之所以发展如此迅速，是因为那么多比赛是通过电视转播，特别是现在有数百个卫星电视接收台。一些专家甚至认为之所以那么多人要观看比赛，是因为他们打了赌。合法的赌博也成了非法的赌博增长的一个理由。尽管和赌博经纪人赌比赛是不合法的，警察却没有多少时间和财力执行禁赌的法律。

虽然体育比赛赌博的增加使比赛可能成为定局，但定局发生的可能性已经减少。比赛成定局是指参赛运动员收受赌徒的贿赂影响比赛结果的行为。现在职业运动员挣那么高的薪水，他们几乎没有理由受贿。

1997年美国全国嗜赌委员会估计不合法体育比

赛赌博在 1995 年的赌注累计达 840 亿美元,1997 年底超过1 000亿美元。相比之下,美国的非法毒品交易要少得多,据《美国新闻和世界报告》说,每年大概 490 亿美元。

关于青少年和职业运动员涉足运动赌博的新闻故事很多。我们来看以下的故事。

·1996 年 11 月,亚拉巴马大学的学生赌博经纪人在美国家庭影院频道 HBO 描述了他们赌博的过程。在 HBO 询问的 40 个大学校园里,学生赌博活动全都很活跃。HBO 使用秘密的照相机拍摄了亚拉巴马赌博经纪人打赌和收钱时发出的叫喊声。HBO 估计亚拉巴马大学的赌博经纪人每年总计获利500 000美元。一个赌博经纪人说,实际上他每周能收多达14 000美元的钱,主要来源于学生 20 至 25 美元的赌注。

·1995 年 3 月 1 日,新泽西警察粉碎了一所中学学生坐庄的体育比赛赌博。赌博经纪人的一帮人下的赌注高达1 000美元,而且使用暴力、绑架威胁输家。他们甚至绑架了一位无力支付赌债的 14 岁的学生,把他开到纽沃克附近一个危险的地区,然后把他扔下车。警察在 3 个中学生的家执行搜查令后,没收了记录学生赌博、赌徒和他们的电话号码的名单,还没收了纽约市有组织的赌博经纪人办公室的电话号码。

• 1996 年 11 月 7 日，波士顿大学勒令 13 名打赌的足球运动员停赛。其中 3 位被勒令停赛整个学年，不仅丢了奖学金，而且面临永久禁止参加大学足球比赛或专业足球比赛。另 3 名运动员永久不许再加入足球队，但允许留在学校。另外，1997 年 1 月，8 名波士顿大学四年级学生因非法赌博被勒令永久休学，而且处分了至少 20 名其他学生。学生赌博经纪人承认了他们的全部赌博行为，赌注每周总计近5 000美元。因此，学校要求学生宿舍顾问开一个“赌博的危险”的研讨会。像大多数大学一样，波士顿大学以前在学生守则中没有关于赌博的任何规章，但这件事发生之后，学校采取了行动，将关于赌博的规章加到学生守则里。

• 20 世纪 80 年代，前美国国家足球联盟的巴尔的摩小马队的中卫阿特施里希特因嗜赌向全美足球联盟官员寻找帮助，被联盟停赛。他的赌债达150 000美元，他计划在巴尔的摩嗜赌中心戒赌。然而 1997 年 3 月，他违反了留队察看的条件，因涉嫌银行诈骗被捕。他将面临多年监禁。

• 1997 年 3 月，执法人员粉碎了纽约市一主要体育比赛赌博犯罪集团。警察说他们特意选赌注最大的时候，也就是全国大学生体育协会（NCAA）篮球联赛正在进行的时候出击。赌博经纪人的成员一部分来自黑帮家族。警察宣布：公众不得与黑手党经营的赌场赌博，他们常常将赌博的利润投资军火和毒品买卖等暴力活动。

· 俄勒冈州有州主办的体育运动游戏，有点儿像抽彩，允许赌职业橄榄球。于是，美国全国大学生体育协会篮球委员会因这一原因拒绝考虑将俄勒冈州波特兰市主体育馆的玫瑰花园球馆，作为联赛场地。他们不想在体育赛事赌博合法的地方联赛，否则，很可能向人们发出一条不好的信号。美国全国大学生体育协会反对运动赌博，因为除拉斯维加斯之外，它在美国的其他任何地方都不合法。

· 艾伯特·贝尔，一芝加哥白袜队签约 5 年、身价 5 500 万美元的运动员，发誓说他在运动赌博上输了40 000美元。贝尔说，运动员之间赌博是很普遍的，钱经常在更衣室易手。

赌博和政治

美国联邦和各州的政治家对赌博都非常感兴趣，这对美国人的生活方式有影响。大多数当选的官员都有自己的赌博观,他们常常把这当作选举活动的一部分。一般来说,一位政治家的赌博立场,与赌博在他所在的州是否合法密切相关。规范赌博的法律是由每个州订立的,很少有联邦法就此事作出规定。不同的社区有不同的赌博观。来自各州的政治家经常就赌博对社区的利弊争论不休。

研究赌博的一条新法律

为了解决这样的争论,美国联邦政府 1997 年决定要更深入了解赌博对社会的影响。众议院通过议案,建立了一个为期两年的委员会研究赌博的影响,包括政治影响、广告、犯罪和因特网打赌。它被授权就"赌博"对政府、社区、家庭、社会机构的"社会经济影响"作一个"综合的法律和事实的研究"。委员会有权举行听证会和发传票资料。委员会还将调查:

- 现存的联邦、地方和印第安人与赌博有关的政策和惯例。
- 犯罪和赌博之间的关系。
- 病态赌博或者问题赌博及其对社会的影响。
- 赌博及其广告对家庭,生意和社会的影响。
- 电子赌博,包括因特网赌博。

不过,对各州是否采用,甚至是否考虑研究的任何发现并未作任何要求。各州仍将保留他们规范赌博的权力。

因特网赌博

这个委员会将研究的问题之一是因特网赌博。很多因特网赌博网站为访客提供宾果、抽彩、虚拟赌场和其他赌博类型。有一些网站仅供娱乐，但大多数网站要求用现金赌。有一些网站确实让访客免费玩一会儿，希望能钓住他们。政府和政治家最感兴趣的是检查以支票、汇票或者信用卡方式支付的网站。大多数青少年没有自己的信贷账户，美国当局担心青少年将拿他们父母的信用卡赌博而导致拖欠巨额赌债。

美国很多公司投入大笔的资金建设因特网赌博站点，然而立法者却不能确定因特网赌博是否合法。美国政府正仔细研究《1961 年联邦州际有线电话法》，他们认为可以援引此法禁止因特网赌博。这一法律的确立是为了阻止不合法的赌注登记。它禁止游戏业的任何人使用州际或者国际电话线传送支持下注的信息。另外，通过电话赌博在大多数国家是不合法的。因为因特网在大多数地方通过电话线连接，很多政治家认为这些法律可以适用。知道有这样一条法律后，很多在线赌博站点为避免和这一法律起冲突，从美国以外的地点经营网站。

另一方面，美国联邦政府认为，从外国经营因特网赌博网站的事实并不意味着美国公民就能合法打赌。美国政府坚持认为：要使赌博在美国合法的先决条件是它在电话另一端的国家也必须合法。

不论合法与否，在线赌博都是冒险的行当。标准的赌场经营规范确保它值得信任，但大多数的在线赌博却不值得信赖。因此，专家预言：为了防止欺骗，因特网赌博或许将倾向于赌那些结果可以公之于众的重大事件。例如，要查总统选举或者赛马等的结果很容易，相比之下，要知道“电子骰子”或者“电子老虎机”是否作弊是很难的，即使能够查的话，也查不出来。

1997 年 5 月，密苏里州责令一家提供因特网赌博的公司停止接受密苏里居民下的赌注，并支付数千美元的罚款。州政府说该公司违反了州赌博法和消费者法律。在因特网赌博的问题尚未决定之前，很可能还会有更多这样的诉讼。

赌博于社会是好是坏?

在美国，研究的又一问题是赌博对社会的影响。当人们开始上瘾时，政府还该不该发行彩票？政府向赌博组织征收利润税挣大钱，我们是否该担心政府太依赖这笔收入了？我们是否该担心，本该代表人民的政府是否支持赌博过了头？

美国政府审视赌博法时，有许多或支持或反对的人向他们游说。美国博弈协会和赌场总是做有利于赌博的游说。这些组织和行业力图影响当选官员，使他们投票赞成赌博。而那些反对赌博或者不确信赌博对社会是否有益的人，不仅没有一个全国性的组织代表他们的意见，也没有一个组织花钱让他们去影响立法者。

另外也得考虑复杂的经济问题。美国的赌博公司声称赌博有益于经济，但是研究嗜赌的专家坚持说赌博有害于经济。赌博的支持者说赌博为赌场、附近餐厅和其他商业提供工作机会，所有这些都有益于经济。他们说，政府能将从赌博上挣的钱花在如教育、道路兴建、公园和运动场保养等方面。例如，密西西比州的蒂尼卡县原是美国最贫穷的县，但在那里建了25个赌场后，它却成了一个繁荣的商业中心。有人把那个地区比作另外两个获益于赌场的地区——拉斯维加斯和大西洋城。20世纪80年代起，一些土著美洲人部落也通过在印第安保留地建赌场而从中受益。另外，支持赌博者说，还有很多其他东西也能给人带来潜在的负面影响，例如酒精、烟草，甚至含脂肪的快餐，但这些东西却是合法的。

反对赌博者说赌博有害于经济。他们说政府从赌博上挣的钱并没用于改进民众生活质量，况且并没有人真正跟踪税款的使用。他们说，穷人花在彩票上的美元大量外流，而很少看见政府用征收的赌博税支付任何福利。他们说赌博增加犯罪，这于社会不利。他们还说，政府花在治疗大量嗜赌者身上的钱，要比政府征收的彩票税多得多。最后，反对赌博者说，政府不该用人们买彩票的钱来筹措资金。他们声称，政府不该蓄意鼓励民众把用于衣、食、住、行的钱拿来赌博。

3

面对赌博作出判断和选择

戴夫退出朋友扑克圈的决定，带来了许多他意想不到的大变化。过了一段时间他又去打牌的地方——不过他不打。过了一会儿，那些家伙不让他在旁边观战了。他们怕他看了他们的牌向对家发信号。换句话说，他们怕他作弊。实际上那些家伙并没说他作弊，但是戴夫知道他们肯定这么想。

戴夫真的很喜欢和他的朋友在一起，但他意识到朋友们并不这么认为，于是他不再参与他们打牌。刚开始的时候，看到他的朋友没有他也照样玩得很开心，他感到伤心和孤单。但是他意识到，他更喜欢没有赌博的压力。为了和同一伙朋友找点别的乐子，他特别花了一番心思。他们常一起打篮球，夏天，他们一同去游泳。

萨姆觉得他赌奥斯卡奖和赌选举运气一直很好，

他应该充分利用他的“运气”。他在书店看见一本名为《怎样梦见你的幸运号》的书，就冲动地买了下来。书里告诉他怎样用梦预见中奖号码。看完后萨姆试了试。有一天，他梦见他的幸运号粘在一架飞机上，在天上飞来飞去。他一醒来，就把他的幸运号记在他专门放在床边的便笺上。第二天萨姆对了对中奖号码，发现和他梦见的号码一点也不一样。萨姆很庆幸自己没有真的按梦中的号码去买彩票浪费钱。但他因自己花 10 美元买了一本破书而恼火。

安德烈娅去看她 9 岁的小表弟布兰登。布兰登求安德烈娅和他一起到街角的小店给他买些糖果。安德烈娅觉得挺有趣，于是就和他一起去了。可是到了小店后，布兰登对安德烈娅买给他的泡泡糖不感兴趣。布兰登要安德烈娅为他买一副棒球扑克牌。布兰登是被别致的、里面可能藏着限量版“猎物卡片”的棒球扑克牌吸引住了。这些卡片或是挺别致，例如，可能是全息图或粘贴画；或是限量发行的一位著名运动员的照片。安德烈娅作了让步，为布兰登买了一副棒球扑克牌。布兰登激动地撕开它，但失望地发现里面并没有猎物卡片。

麦克想少赌一点,但没有多大的收效——前一分钟,他想戒赌,但后一分钟他又放弃了。他希望能和别人谈谈这个问题,比如说和他的父亲。但他没有办法和父亲谈论自己的问题,因为他父亲从来就不在他身边。麦克知道,他父亲每天晚上都坐在附近赌场的老虎机前,一只手拿着一杯要投的币,另一只手拿着一杯烈酒。麦克在学校里一整天都在想,怎样才能弄到更多的钱去赌。他可不想再砸碎一台卖汽水的机器,那样太危险了。后来,他想起他母亲放在碗柜内的"以防万一"的钱。他决定用这笔钱到赌场去赌。他相信他一定能赢,这样,他可以在他母亲发现之前就把钱放回去。

美国的社会对青少年赌博这一问题的态度模棱两可。有一种观点认为青少年赌博是不合法的。所有的州都有 18 岁以下的任何人赌博都属非法的法律,包括买彩票,赌赛马,在赌场打赌。

但是,美国的社会在很多细微的方面与这些法律相矛盾。打开报纸,你会看见针对家庭做的拉斯维加斯和大西洋城等赌博胜地的广告。走进社区里的基金筹措点,引人注目的总是宾果或其他赌博活动。中奖号码在电视上宣布,向每个人广而告之,赌博是大家接受的、令人激动的而且是值得的。而且很多德高望重的成年人甚至定期与赌博经纪人赌体育竞赛，这是不合法的。

这一章将帮助你认清你对赌博的感觉。你得作出判断：赌钱的冒险是否有意义，还是可怕的，或是令人激动的？你的结论可能与你的家人和朋友的不同。

戴夫做出不玩牌的决定与他朋友做的决定就不同。虽然戴夫仍然喜爱玩扑克赌钱，但是他决定不再玩了，因为他想把钱花在其他的地方——和他的朋友不同的地方。如果戴夫很有钱，他就可以既打扑克又买他想要的光盘和音乐会的票。但是像大多数人一样，戴夫没有那么多钱买他想要的所有东西。就戴夫而言，放弃赌博是一个非常实际的决定——他选择用钱买其他的娱乐。实际上，戴夫的朋友也没有多少钱。戴夫戒赌后，史蒂夫也决定不玩了。在这两个个案中，赌博不是心理问题。只是戴夫和史蒂夫确实开始感到赌博对他们没有什么好处。

萨姆从组织赌奥斯卡、赌选举到梦里挑中奖号，尝试了一种新的赌博。从他这次体验中他得出这样的教训：要选到中奖号码的希望是多渺茫啊！萨姆发现，许多书都说能帮你在赌场、赛马场和彩票上赌赢。这些书常常给读者一种感觉：赢是很容易的。如果没赢，是他们自己的错。

布兰登为棒球扑克牌中的猎物卡所吸引，这看起来很无知。对许多人来说，牌是一种无害的、令人愉快的、消磨时光的工具。打开一盒新的牌时，买主可能感到兴奋——如果没赢他们会有点失望，如果赢了他们会激动不已。还好，一般来说，在买牌的人生活中，牌不占主要位置。

但对有些人来说，猎物卡片可能成为他们非常关注的对象。这些人可能发现他们的心情被猎物卡影响几个小时，先是期待赢得猎物卡，然后是他们没赢时的沮丧和怨天尤人的失落感。

安德烈娅认为把钱花在使她小表弟失望的事情上真没意思——再说，这些游戏还是赌博。定义猎物卡为赌博有三个要素——花费、机会和潜在的赢利。赢利是指一些猎物卡，因为是限量版和稀有版，可能以后值数千美元。实际上，1996 年 12 月 2 日《美国新闻》的一篇文章说猎物卡违反一条称为 RICO 的赌博法，即《反欺诈与合谋法》。

棒球扑克牌在美国普及已有多年，而且某些运动员的卡片变得很稀有,也很受买主青睐——这鼓励着顾客一直买带泡泡糖的扑克牌,从而希望得到他们想要的卡片。很多人不知道,这些长期被大家接受的扑克牌和猎物卡之间的区别。但是猎物卡的广告铺天盖地,有些人可能会说这些广告使人误入歧途。广告让人觉得猎物卡好像很容易就能得到,而实际上却非常稀有。对这一批评,棒球扑克牌厂家的反应是开始在每副牌上印上猎物卡的几率。不过,对那些嗜赌的人来说,正是这一举措证明猎物卡是一种抽彩——买卡赌一次获胜的机会。正如一位瘾专家希拉·布卢姆博士,在文章中引用的一样"这些卡叫猎物卡,嗜赌成瘾的人猎到的却是损失"。因此,布卢姆博士认为用所有零用钱买扑克牌,然后冲动地撕开,看里面是否随附猎物卡的孩子,他们的表现实际上是成瘾赌徒的行为。

你对钱的看法

你对钱的态度很大程度上决定了你对赌博的看法。在这个部分,你将有机会探索你是怎么对待钱的——挣钱,存钱,花钱。这将帮助你判定你对钱的看法和你对赌博的看法是否一致。你可能认为赌博只是浪费钱,也可能认为在赌博上花一点钱是一种有趣的消磨时光的方法，就像去看一场电影或者去听一场音乐会一样。其他人更愿意买一些经久耐用的东西，比如买运动鞋、珠宝或者一件皮夹克。一些人觉得要花钱体验各种不同的经历。这些人可能喜欢旅行，去饭馆吃饭，参加各种各样的讨论会和活动。他们花钱时，可能无法用任何物质形式表现出来，但是他们有许多令人陶醉的回忆。

很多青少年开始赌博是因为他们把赌博当作一种钱不够时挣钱的途径。一些青少年认为，通过赌博他们将一夜暴富，这样他们想买什么就买什么，甚至还能帮家里还清债务，或买一件特别的东西。然而，像青少年这样收入很少的人却比高收入者更常陷入这样的陷阱：花去占收入很大比例的钱去赌博，然而血本无归。

每个人都要钱

你听你的朋友对别人说过“我的钱太多，这钱我全都不要”了吗？这种话听起来是不是有点离谱？当然离谱。我们大多数人都感到，钱从来就没有够过。每个人不仅想要钱，在当今的社会里，每个人都需要钱。我们用钱交换我们自己不能生产的物品和服务。有很多东西用钱买不到，例如爱、尊敬、善良和友谊。但是有很多我们赖以生存的东西必须用钱才能买到。

我们需要食物，因此，除非我们自己种，否则，我们需要钱从生产、种植，或者出售食物的人那里买。我们需要地方住宿，除非我们亲自建造，否则我们——或者我们的家人——需要付租金或还购房贷款和税款。我们需要衣服，除非我们亲自编织、缝纫，否则我们需要从商店购买。

我们总有一些想要或者需要但是没有的东西。实际上，钱的问题产生的原因之一，是我们没有将什么是“想要”什么是“需要”区别开来。我们大家都需要食物，但是有一些食物比其他食物更花钱。我们是“需要”更昂贵的食物呢，还是只是“想要”？很多青少年喜欢穿运动鞋，但是有一些名牌鞋比其他品牌的更贵。如果一双非名牌的鞋穿着也很舒适的话，为什么那么多人选择买更昂贵的名牌鞋呢？

大多数时候，广告和同龄人的压力影响着人们使他们买“想要”的东西，而不是买“需要”的东西。正是这种想要更多钱的想法经常使人为了得到更多钱而赌博。

赚钱的办法

钱很吸引人,但要赚钱却不容易。赚钱的方法有五种,不过,不是所有的方法都合法或可靠。(我们这里所说的不包括借钱这种方法,因为借了钱你得还,而且经常得连本带息地还。利息是指为借款特别支付的费用。例如,如果一个人从银行借了1 000美元,银行可能会收150美元的利息。到时候借钱的人就要还银行1 000美元本金另加150美元利息,共1 150美元。)

这里介绍五种赚钱的方法。你会用哪种方法呢?

1. 挣:挣钱是获得钱最普遍的途径。只要工作或产品合法,通过从事某种服务,或制造、销售某种产品挣钱是为社会和伦理道德所接受的。工作使人有自尊和满足感。

对美国青少年而言,如果他达到他所在州的工作年龄,就可以通过工作赚钱。即使达不到工作年龄,他也可以通过做家务、给别人家看小孩、在自由市场卖各种小手工艺品,以及其他许多方法来赚钱。

通过工作赚钱需要承担一定的责任,而且也可能带来一些问题。比如,一个中学生打工,就得保证仍然有足够的时间上学、做家庭作业、参加课外活动、做家里的家务活。可能要减少与朋友、家人在一起的时间以及自己独处的时间。

2. 继承:有些青少年可能在亲人死后继承一笔财产,但大多数青少年不能通过这个途径获得金钱。

3. 收礼:在生日或特殊场合,父母或家人经常给青少年一些钱作为礼物。虽然这种赚钱方法很受青少年欢迎,但这种机会很难预料而且也不常有。

4. 偷:偷钱是不道德的,也是违法的。青少年之所以偷钱有时是因为刺激,且能比打工得到的钱多。但是偷窃可能在很多方面伤害很多人。大多数人都不希望生活在互相偷盗的世界中。偷盗的人被抓住的话会被送进监狱,因偷盗发生暴力时,还可能造成重伤和死亡。

5. 赢:这种途径是赌博兴起的原因。但要想赌博赢钱你得先有本钱。赢钱令人激动和开心,但输钱却令人失望和沮丧。

另一种赢钱的方式是得到抽奖等的赌金,你不需要冒险投入钱,只需一张奖券或打个电话。赢赛马赌金的几率很小,而且多数赌马对青少年来说也是非法的。

花钱的办法

一旦你有了钱，只有几种办法来花钱，以下的几种办法中你喜欢哪种方式呢？

1. 存或者投资：你喜欢把钱存在银行吗？如果你还没有银行账号的话，为什么不马上开一个呢？把钱存在银行，银行还付利息。很多银行都有专门为小孩或青少年开的储蓄账户，这样的账户不要很多的钱就能开户，也没有规定起码的存款金额。就算你只花10美元开立这样的一个账户，且每月只存5美元，你也会为你的钱滚动得这么快感到惊奇的。有些青少年和他们父母一起把钱投资到货币市场的基金、股票、大学教育储蓄，或其他账户以备将来之需。

2. 花：有些青少年因为父母无法挣足够的钱养家，把钱花在食品等生活必需品上。还有一些青少年因为父母能挣足够的钱满足家庭需要，所以他们把钱花在自己想要的东西上。一般来说，青少年喜欢把钱花在玩游戏、买电影票、电脑游戏光盘、CD和磁带、牛仔裤和T恤衫、零食、运动器械、杂志和书本等等上。你喜欢怎么花钱呢？

3. 捐：很多青少年喜欢捐些钱给那些能为需要帮

助的人提供服务的慈善机构。

4. 赌：尽管很多种赌博对成年人来说是合法的，但青少年用钱赌博是不合法的。这个章节的剩余部分将帮你判断赌博是否值得冒险。

怎样分析彩票广告

问一问美国的中学生，你注意到这星期彩票头奖的奖金额吗？如果你注意到了，那就是所在的州政府花了数百万美元做的头奖广告的结果。据《纽约时报》1996年7月的一篇文章称，彩票广告商是各州最大、最积极的广告商之一。美国联邦法律禁止赌场做赌博游戏广告，只允许他们做食品和娱乐广告。因为联邦法律适用于赌场但不适用于彩票。

美国的州彩票机构花数百万美元做广告，怂恿大家买彩票，让大家认为能中大奖。一些彩票广告甚至使人误以为：实际上，和赌博相比，工作挣钱简直是浪费时间。很多人都说彩票广告帮人形成赌瘾。那些在赌场嗜赌的赌徒和那些通过买彩票赌博的人都十分恐惧他们的“幸运号码”会在他们没下赌注的那天中奖。彩票广告迎合了这一恐惧。例如，很多广告说“别忘了每天都玩”。有些广告播放一些人的故事，这些人之所以输是因为他们的幸运号出现在他们没玩的那天。

在有些情况下，彩票广告可能具有欺骗性。那是因为美国的彩票广告是惟一一种不适用于州和联邦政府“真实广告标准”的广告方式。真实广告标准要求广告是真实的，而且政府检查并确保它们是真实的。彩票广告没有要求必须说明中奖的几率。彩票广告中只广而告之中大奖的人，从未播放过数百万未中奖的人。对于其他比赛和赛马，则要求清楚说明中奖几率。你也可以从卖彩票的人那里问到彩票的中奖几率，但是电视广告、收音机广告、广告栏上都不必提及。

研究嗜赌的专家说彩票广告诱惑低收入家庭花很多钱购买彩票。不过，这引起了博彩业人士的争论。近来，发现一些失业者或贫民为了买彩票甚至出售政府发放给他们的食品券。

其他一些受到批评的彩票广告术包括：暗示中奖后的人怎样花中奖得来的钱；使用不精确的语言暗示如果你买一张票，你肯定会中奖；或者称赞买彩票的人，打击不买彩票的人。

美国的一些州已经通过法律禁止这类广告，而且有些州已经开始改变他们的彩票广告。他们制作一些避免引起非分想法的广告，强调彩票的主要目的是给教育或慈善事业筹款。弗吉尼亚州的彩票官员创造了一种别出心裁的广告类型：公共关系活动要“负责任地玩”，警告人们嗜赌的危险。但大多数州和广告代理商辩护说，这一广告使人们相信他们能赢而买彩票，卖彩票是为社区筹款。他们做的广告比如说“到科罗拉多赌，每个人都赢”，或者说“密苏里彩票，让我们所有的人都富一点”。

州政府说卖彩票的钱用于学校和公园建设，但是批评家说大多数钱并没有用到政治家所说的那些地方。卖彩票的钱通常作为普通资金，处理方式类似于税款。不过，很多人认为税款征收更诚实。另外，社区能决定怎样花费税款，但不能决定怎样花费卖彩票的钱。

以下是几则彩票广告。你能分辨出为什么有人认为他们可能具有欺骗性吗？你认为他们具有欺骗性吗？

- 你所需要的只是美元和一个梦。
- 嗨，你从不知道。
- 直到每个人都变成百万富翁我们才会停止。
- 你迟早要赢。
- 有人一直在赢。

· 玩彩票，赢的就是你。

为了还击赌博广告，明尼苏达州一些帮助嗜赌赌徒的组织制作了他们自己的广告。这些广告和广告画，使人特别是青少年，注意到赌博不利的方面。以下是一些例子。

“你不必吃迷幻药，上经销商的钩。”这是一幅广告画，画中有一个神情紧张的人拿着 5 张纸牌玩扑克。这幅广告画是由明尼苏达针对嗜赌成瘾者的热线制作的。

“数千名明尼苏达青少年嗜好这一口。”在这幅由明尼苏达针对嗜赌成瘾者的热线制作的广告里，人们坐在一张桌子旁边赌博。“这一口”不是大麻，而是一大笔钱，在牌桌的中间放着一堆的钱。

“现在是晚上 10 点，你知道你的父母在哪里吗？”在一幅明尼苏达针对嗜赌成瘾者的热线制作的广告画里，一个赌场的照片上方写着这样一句话。

“你仅仅 16 岁，但是这并不意味着你不会债台高筑。”明尼苏达大学健康服务系精神健康科的这幅广告画上画着小半张只显示了眼睛以上部分的红心 J 扑克牌。

“到哪里赌你最后一个硬币。”明尼苏达赌博问题中心的一幅广告画上，这句话写在一个公用电话和赌博热线号码上面。

“问题酒徒经常成为问题赌徒。”一幅明尼苏达针对嗜赌成瘾者的热线的广告画上有两张照片。第一张照片，一个男人坐在一间酒吧里。第二张照片，同一个男人坐在同一个酒吧，不同的是，酒吧里放了一台老虎机。这个广告旨在告诉人们在允许放置老虎机的酒吧里，嗜酒成瘾的人可能也嗜赌成瘾。

赢的胜算

戴夫、萨姆、安德烈娅和麦克就赌博赢的胜算都有自己的观点。戴夫玩牌时，差不多总是输。他打牌时无法做到不动声色，他发现自己很难藏住牌。因此戴夫开始感到，赢总是和他作对。这成了他不玩的原因。

萨姆认为，如果在自己喜欢的东西上下赌注，赌博就很有意思，而且胜算就大。他想出赌奥斯卡奖时，他确信自己对那些参赛者很了解。这样，他的猜测是经过思考的，而非一时狂热。他知道即使这样，还有很大的冒险因素。

安德烈娅认为，只要涉及钱就不值得冒任何程度的风险。无论胜算有多大，她都宁愿把钱花在使她快乐而不是使她失望的方式上。她宁愿花5美元买新的化妆品、比萨饼、杂志或者租一部电影,也不愿买一张彩票或者在打牌游戏中搭一把手。

麦克知道他赌博时胜算总是和他过不去,但是他不在乎。他总是相信下一次赌的时候他会走运,能赢回他输掉的所有的钱。就算知道花了很多钱下赌注胜算还是和自己没缘也不在乎,这是一个人嗜赌成瘾的迹象。

像麦克这样赌得很多的人觉得骰子、硬币或者轮盘都有记忆。他们不现实地认为如果他们扔硬币三次,三次都是正面的话,那么下一次一定是反面。但是实际上,第四次扔到反面的机会只有50%,与任何一次扔到正面或者反面的机会均等。硬币并不"记得"其他次它是怎么落地的。每一扔都和其他扔没有关系。

机会与技巧的关系

请面对这个事实——赌场或者设彩票是不可能把赢的机会全部给别人的,否则他们就做不成生意了。设彩票与赌场的轮盘赌等都是基于机会的游戏。有的游戏,如扑克和21点,多了点技巧的因素,因此有技巧的玩家赢的胜算略大一些。

在纯机会的游戏中，你可以猜测结果，但是你的那些技巧和意愿不影响结果。机会游戏运作的基础是平均数法则。如果你取一枚硬币扔它 20 次，根据平均数法则，大约一半是正面一半是反面。你可以试试，看看结果怎样。

平均数法则并不总是按照你认为的方式运作。尽可能把它当作一个平均数而不是一条法则。你扔硬币的次数越多，就越接近 50：50 这个平均值，但是并不保证结果就刚好是 50：50。试试这个实验。一枚硬币扔 20 次，假设每扔一次硬币赌 2 美元。如果你猜对了，无论正面或反面，就赢 2 美元。如果猜错了，就输 2 美元。最终是赢钱、输钱，还是不输不赢呢？

其他的机会比赛，如轮盘赌，也是基于平均数法则运作的。但是，与硬币相比（一枚硬币只有正反面两种选择），轮盘赌有更多的选择，因此某个数出现的几率将低得多。如果一个轮盘有 40 个槽，按照平均数法则，球掉进某个特别的槽的机会，比如说 10 号槽，只有 1:40。

掷骰子也是靠机会。每一个骰子有 6 面，你投中某一特定号的机会是 1:6。如果你掷 3 个骰子，你投中某一特定号的机会是 1:216，这对你是不利的。彩票赢得的可能性就更小——6 个号码的彩票中彩机会是 1:1000 万;7 个号码的彩票中彩机会是 1:1 亿。

在赌场,任何特定游戏的回报率都比扔一枚硬币更复杂,我们就不在这里做数学运算了。数学家确实说过,在赌场赌博你能赢钱,那只是在很短的时间。你玩的时间越长,输钱的机会就越大。

一些玩家认为,控制老虎机的计算机,也叫随机数字发生器,实际上也是有个性的。他们认为,在某一时间以某种方式放进硬币或以某种方式拉动把手,或者相信某种迷信,这些都能帮助他们赢头彩。然而随机数字发生器不受这些方式中的任何方式的影响。

很多时候,人们不理解为什么他们买彩票赢的机会那么少。当然,有时候人们也能理解,认为自己不仅娱乐了,而且还有赢的机会,尽管机会很小。所以他们认为付的这笔钱还算合理。但是很多赢了钱的人发现,在赌场,赢了以后要想收手带着现金回家非常难,他们想继续赌,赢更多的钱,但最终他们经常把赢来的钱也都输光。赢钱后退出要有很大的克制力,甚至对不嗜赌的人来说也是如此。

未成年人赌博法

在美国,各州关于赌博的法律有多种多样,各州对赌博问题只有两点是一致的。第一个问题已经提及,那就是与赌博经纪人赌博是不合法的。这是因为历史上赌博经纪人与有组织犯罪有联系,而且这些地下活动政府不可能监控。各州意见一致的另一问题是未成年人赌博是不合法的。但是什么人是未成年人?这个定义因州而异,有时因游戏而异。有美国权威机构总结了美国的未成年人赌博法律:在大多数州,购买彩票最小的法定年龄是18岁,买赌博的刮刮卡、赌赛马和赛狗的最小法定年龄也是18岁。赌场赌博的最小法定年龄是18岁或21岁。在有些州,18岁的人可以合法买彩票或者刮刮卡,但是不能在赌场赌博或者赌赛马和赛狗。

法律后面的文章

为什么在美国等一些国家,成年人赌博合法,而青少年赌博不合法?制定赌博法的立法者有责任要求赌博的人有一定的自制力和判断力。尽管事实上有很多青少年很成熟而且有很好的自制力和判断力,但是还有很多人还在学习怎样面对一些棘手的问题作出决定。很多成年人显得判断力低下和缺乏自制力,特别是涉及赌博时,这也是事实。但是政府不能说安德烈娅可以赌博，因为她成熟，麦克不可以赌博，因为他有嗜赌的问题。美国政府已经决定要立一项全国性的赌博法，界定和限制赌博年龄，就像对驾驶、喝酒和吸烟立法一样。

尽管法律说未成年人不能在合法的赌博游戏中赌博，但是除在赌场之外，政府却很少实施这些法律。你可能知道很多青少年买彩票，可他们没有一个人因此被捕。但仅仅因为青少年违反赌博法律而没被捕，并不意味着可以忽视法律的存在。另一方面，即使你反对赌博，你也可能认为法律中的界定年龄是不公平的。

你是否认为现有的青少年赌博的禁令在执行时应该更有力、更一致呢？或者你认为应该允许青少年想什么时候赌就什么时候赌？想在什么地方赌就在什么地方赌呢？你是否认为应该有一个界定的年龄？你认为这个界定的年龄应该是几岁？21岁？18岁？16岁？12岁？10岁？5岁？

你认为政府应该做什么？一种想法是政府积极提倡禁止给非法赌博的未成年人支付奖金的政策。这样的话，如果一个青少年买了一张彩票中奖的话，他将因彩票是非法购买的拿不到奖金。对未能执行法定的赌博年龄限制的卖主该不该有更重的惩罚？

或许，你可以写一封信给你们州的立法人员谈谈你的想法。他们将对你的意见非常感兴趣。

了解赌博业

对有些人来说，赌博可能意味着与朋友一起打打扑克或者赌赌足球比赛等等。这些属于非正式赌博。但是除此以外，在美国，还有巨大的赌博业从喜欢赌博和嗜好赌博的人身上赚钱。怀着赚钱的目的，所有的赌博游戏都是为赌场而不是为顾客服务的。赌博的目的是为了给组织者提供钱，不管这个组织者是谁。这就是为什么赌博为赌场挣钱，而不是为玩家赚钱的原因。美国的游戏业，主要是赌场业和博彩业，每年挣几十亿美元。为了达到这一目的，他们使用一些你应该知道的销售技术。

对初学者来说，赌博业从不使用“赌博”一词。他们把它叫做“游戏”。赌博业知道“赌博”这个词有负面意义，因此他们避免使用“赌博”这个字眼。他们希望“游戏”一词会给人们带来更有益身心健康的感觉。

赌场的广告非常具有冲击力。所以一旦顾客置身于一个赌场，有很多方法使他们留在那里：免费提供饮料和廉价的食品；老虎机分布得像迷宫一样，顾客逛着逛着就迷路了，赌场希望人们在力图走出这些迷宫时失去时间观念，这样就会掏出更多的钱；放在老虎机前的凳子设计得非常舒适，以至坐下去就不想站起来；特别的照明技术创造出一种迷人的气氛。

赌场把老虎机的程序编成时不时来个小奖，以诱惑人们继续追逐头彩梦。不过，归根结底，这些小奖加起来也抵不上顾客可能花的钱。实际上，那些丁当作响的老虎机为赌场赚的钱比其他任何赌博方式赚的钱都更多。

通常，赌场雇用的男人和女人外表都很迷人，顾客觉得很受他们吸引而且喜欢接近他们。赌场甚至训练庄家不能交叉双臂，因为这一身体语言无形中会赶走客人。

赌场有一个新趋势，就是把赌场建成旅游场所，这样不仅为大人而且为孩子和全家提供娱乐服务。很多赌场现在为顾客提供免费乘车周游赌场，以供顾客在高科技时代的建筑和装饰、游戏机以及奢华的餐厅里消遣。

你该不该赌博？

知道了赌博是怎么回事后，现在你可以对赌博有自己的观点了。如果你从未赌过博，你可能认为你不想赌。或者你可能觉得等你到了赌博年龄后试赌一下可能很有趣。如果你已经赌了，你可以决定在输钱之后金盆洗手。或者，你还可以决定，只要不花太多钱就继续赌。

人们选择不赌博的原因各不相同。一些人认为赌博很愚蠢，或者认为赌博是一种不道德的，或是不健康的花钱方式。一些人生长在一个从未赌博过的家庭，因此赌博不是他们选择的一项活动。还有些人之所以选择不赌博，恰好是因为他们生长在有赌博问题的家庭，而且他们想要回避这些问题。而一些人选择赌博，是因为他们认为，赌博是一种打发时间和金钱的有趣方法。他们觉得花钱赌博娱乐几个小时很值得。还有些人选择赌博是因为他们一想到要戒赌就感到焦虑不安、沮丧或者不知所措。

但是除了这些个人的体验之外，很多人决定做或者不做某件事还取决于政府是否制定相关的法律，或者他们的信仰是否提供相关的道德指导。

你也可以不依赖任何法律或宗教，而完全依赖自己作出赌不赌博的决定。虽然法律和信仰能很好地指导你作决定，你还得分析赌博对你个人的影响。

想想赌博正面的和负面的影响。赌博令人激动，而且让人暂时逃离令人厌烦的日常生活。但是如果赌博过度,它可能影响你的人际关系和学业。

你可以得出这样的结论:只要不伤害自己或别人,赌博还是好的;或者,你也可以得出这样的结论:因为赌博可能带来各种问题,所以还是远离赌博为妙。

个人赌博指南

假设你在考虑是否参加某一种赌博,不妨看看这些从罗杰·斯文森博士的著作中摘选出的赌博指南,并想想你是否同意这些指南。罗杰·斯文森博士是美国研究青少年嗜赌问题的专家。

赌博应该是个人选择。每个人都不该觉得自己迫于某种压力而赌博。如果有人对你施加压力要你赌博,这不是你作出赌博决定的正当理由。一个人只有当他真的想赌时才赌,而不是因为听其他人说赌博很好就赌。一个人赌博的时候,只能赌他们喜欢的游戏,而且他们知道游戏规则。他们应该先观察其他人,确定知道自己正在干什么。

想好你愿意输多少。如果你决定赌博,想好了花在赌博上的钱和花在其他娱乐上的钱一样多,而不是更多,想好了输多赢少很正常。如果你要用这笔钱买其他东西，就不要用它去赌博。如果你只有钱买食品、衣服、付房租、教育或者营养品等必需品，就别把钱花在赌博上。在你离开家之前，确定一个你愿意输钱的上限。在美国，这个金额可能是 5 美元，10 美元或者 15 美元。不管发生什么，不要超过这个限额。如果输了，不要试图赢回输的钱。就当花钱买开心。赌博不要以时间为限，如“我打两个小时的牌”。而是以愿意输的金额为限，“我打 15 美元的牌”。一旦 15 美元输光了，即使只玩了一个小时，赌局也应该结束。

决不借钱赌博。

赌博不合法时，不赌。

如果赌博影响学业或者工作，不赌。

如果疲劳，沮丧或者生病，不赌。

如果赌博影响体育竞赛结果，不赌。

如果你所在的团队，如学校或运动队，禁止赌博，不赌。

如果你正处于其他瘾的戒制期，不赌。

赌博时，不喝酒、不服用其他药物。这些物质会削弱你的判断力，而且使你输掉更多的钱。

4

赌博是一种瘾

安东尼和他的家人在搬到大西洋城附近的小镇前，从未进过赌场。他们对任何形式的赌博都不感兴趣，甚至对彩票也不感兴趣。但在他们新搬到的小镇上，大西洋城赌场的广告随处可见。户外广告栏，报纸广告，垃圾邮件，广播、电视上的商业广告，好像时刻提醒他们一家，100 万美元的头彩正等着他们。赌场这么近，仅有几分钟路程，好像正在召唤安东尼一家，邀请他们参加这美妙的聚会。

安东尼一家禁不住诱惑，去了赌场。只要开车过去，玩几个游戏，这太方便了。赌场灯火辉煌，气氛火爆。这真是个玩的好去处。安东尼的父母第一个夜晚赢了 150 美元，于是他们更对这美妙的夜晚感到满意。

赌博似乎成为一种很好的娱乐方式。不久，安东尼的父母每个周末都去赌场 。安东尼的朋友也叫他下课后偷偷溜进赌场。虽然他们只有 17 岁，但他们用假身份证进去了。

安东尼开始玩老虎机。他特别喜欢水果老虎机，中大奖的时候，水果老虎机里的柠檬和樱桃排成排。安东尼就盼着玩那些老虎机。不久，他成天想的就只有老虎机了。夜里，他做梦梦到赢钱。在学校，他做着白日梦，梦想着自己中大奖时该如何挥霍。

有一天，安东尼带着他攒下来的 200 美元想去买新衣服，但他没去商场而是去了一个赌场 。他拿着 200 美元去玩老虎机，而且全部输光了。安东尼这才意识到自己至少 6 个月穿不上新衣服了。甚至可能连看电影的钱也没有了。

赌博的兴起

过去多少年里，大多数人都没有合法赌博的渠道，而且他们显然不想非法赌博。但是随着合法赌博业不断壮大，现在更多人都有了玩的渠道。一些美国专家预言：不久，每个美国人从他家到赌场只需花不到两个小时的车程。就像一位美国的赌博问题专家预测的：结果是更多的人嗜好赌博。

总部设在华盛顿的美国国家反赌博合法化阵线报道：在衣阿华州，赌场和船上赌场的合法化使那里有赌瘾问题的人增加了三倍多。在明尼苏达州，随着16家印第安人经营的赌场在整个州营业，匿名赌徒集团从1个飙升到49个。

谁会成为嗜赌成瘾的赌徒呢？

我们已经看到了住在赌场附近怎样使嗜赌成瘾赌徒的人数增加。除此之外，某些人比其他人更可能成为嗜赌成瘾的赌徒。下面列出几类很可能成为嗜赌成瘾赌徒的人。记住，就算一个人属于其中一类，但是并不意味着这个人就一定会成为一个嗜赌成瘾的赌徒；另一方面，一个人也有可能嗜赌成瘾，却不一定属于以下的任何一类。

1. 男性。据嗜赌成瘾委员会报道，在各种赌徒中，男性占70%，女性占30%。1989年，1992年，1995年间对明尼苏达州的学生的调查得出了相同的发现。

赌博的男性比女性多，成瘾赌徒的男性更可能比女性多。社会学家还不能确定为什么赌博的男性比女性多。但是尽管女性赌博的可能性比较小，成为嗜赌成瘾的赌徒的可能性也更少，她们仍然可能有赌博问题。

2. 父母赌博的青少年。如果一个人的父母是问题赌徒的话，他更可能也成为赌徒。根据麦吉尔大学咨询教育心理系的里纳·古普塔博士和杰弗里·德里云斯基博士1996年9月在芝加哥举行的第10届全美国赌博行为会议中发表的一篇名为《孩子的赌博行为：家庭和社会影响》的论文：大约81%赌博的青少年是和他们的家人一起赌的，而且这些人中的86%每周至少赌一次。

亨利·勒西厄博士研究了匿名赌博的孩子，并于1994年在《赌博行为杂志》上发表了他的发现。他发现：在问题赌徒孩子中，11岁之前第一次赌博的占75%，相比较而言在其他孩子中占34%。另一篇论文也发现：有赌博问题父母的孩子无论他们是否成为问题赌徒，赌博的频率都更高。

一般来说，问题赌徒的孩子抽烟、喝酒的概率也会高一些，而且有饮食紊乱，特别是饮食过度的问题。

3. 住在赌场和其他合法化赌博场所附近的人们。接触赌博的机会越多，导致嗜赌成瘾的可能性越大。一个嗜赌成瘾的赌徒首先必须赌，住在赌场附近的青少年接触赌博的几率增加，有研究表明，64%的大西洋城的中学生至少在本地赌场赌博一次。正如前面报道的,很多研究表明,赌博合法化后,更多人开始寻求问题赌博的治疗。

4. 中学退学者。研究表明没有高中毕业证书的美国人花在彩票上的钱是有大学学历的人的五倍多。虽然花很多钱买彩票并不总是导致问题赌博,但是它增加了产生问题的可能性。

5. 游戏机。一些研究人员研究了沉迷于玩电子可视游戏和倾向于嗜赌成瘾之间的联系。沉迷就是指一个人的行为、想法或者感觉完全受一活动支配。

据美国的有关报道,电子可视游戏和赌博的活动都有类似的特点,最突出的特点是间断性的强化。也就是说,你永远不知道你什么时候会赢,或者说,在玩游戏时,你永远不能达到某种目标。因此,只要抱着会赢或者会达到某个目标的信念,你就会一直玩下去。一些人发现这些间断性的强化令人高度沉迷,因此赌徒和游戏机玩家会一玩就玩几个小时。有些让人上瘾的东西使人产生很强的依赖性,以至于要停止那项活动或者那种东西或者不可能,或者很难,或者造成严重的伤害。

6. 有注意力缺失障碍的人。有注意力缺失障碍的人即有多动症的人。多动症是指一个人好像不能安静地坐着,有睡眠问题,注意力容易被转移,经常凭冲动行事,注意力很难集中的状态。有专家的研究报告将嗜赌成瘾与多动症紧密联系在一起。美国一个专家小组在俄亥俄州一个退伍军人管理医院搜集赌徒多动症的症状时发现,他们研究的赌徒中30%—50%有多动症。

7. 基因遗传。一些科学家认为嗜赌成瘾那些人之所以嗜赌成瘾可能是因为他们的基因使他们朝着这个方向走,或者因为他们的大脑生产引起这一行为的化学物质。当然,生理学和遗传学理论在行为问题上有很大的争论。

1996年《美国科学家》杂志有一研究报告表明,大脑化学物质多巴胺和多巴胺传输的路径可能和嗜赌行为有关。多巴胺传送的是一种舒适的感觉。科学家测量了成瘾赌徒体液内的这一化学物质的水平,特别是在脊髓中的水平。他们的结论使一些科学家怀疑,嗜赌成瘾可能有生物化学的原因。随着对大脑功能的继续研究,这个理论将有待进一步测试。

这类研究非常重要,因为嗜赌成瘾的原因目前有几个不同的理论。一些人认为嗜赌成瘾是医学疾病,另一些人认为是心理问题,还有一些人认为是道德观念薄弱。认为嗜赌成瘾是医学疾病的科学家,目前正在研究寻找嗜赌成瘾的赌徒和其他人身上不同的身体化学物质的生理化学体征。心理学家倾向于探索嗜赌成瘾是应对沮丧感和无助感的可能性。其他人认为嗜赌成瘾可能是一种性格缺陷，这一缺陷只要努力就能矫正。

精神病学界如是说

美国一主要精神健康组织——美国精神病学协会，已经证实嗜赌成瘾是一种精神病学的疾病。美国精神病学协会的精神紊乱诊断和统计手册（缩写为DSM）已经将赌博归为冲动失控、依赖紊乱。它把病理学的赌博描述为：

长期的和日益增长的习惯，无力抵制赌博冲动给个人、家庭和职业带来分裂、破坏和危害的赌博行为。在处境紧张时，更专注于赌博，赌博欲望增强，赌博活动增多。因赌博产生的问题导致更多、更疯狂的赌博。行为特征问题包括到处欠债，随之而来的拖欠债务及其他金融责任，家庭关系破裂，工作漫不经心，为付赌金受金钱驱使的非法活动等。

精神病学界说，通常，嗜赌成瘾的赌徒的自尊心不强。他们可能用赌博弥补这种不适。他们的冲动控制力差，这可能使他们即使知道赌博正引起严重的问题，却仍要继续赌下去。赌博可能可以满足他们难以抑制的瞬间满足和躲进幻想的需要。赢时飘飘欲仙的感觉就像毒品一样，使嗜赌成瘾的赌徒一而再、再而三地寻求。通常他们没有意识到实际上赌博可能掩盖了极度的痛苦、忧虑和沮丧。

赌博和其他恶瘾相似之处

赌博和吸毒、抽烟、喝酒非常像，经常是一旦开始便很难停下来。实际上，很多嗜赌成瘾专家认为着迷于赌博和沉溺于药物或酒精非常类似。一项新的研究显示，明尼苏达州接受嗜赌成瘾治疗的人群中，36%的人以前也接受过化学药品依赖的治疗。

为支持这些研究，很多研究赌博的专家，包括桑德拉·布鲁斯图恩——美国权威的病态赌博治疗计划的执行者，已经确定有一种介于赌博和吸毒之间的，被称为"具有高度传染性的交叉瘾"的东西。这就意味着赌徒很有可能发展成为酒鬼或滥服化学药品的"瘾君子"。同样地，酒鬼和滥服化学药品的"瘾君子"也比一般人更有可能成为赌徒。哈佛医科大学霍华德·谢弗博士于1994年发表的一篇名为《青年人赌博和药品使用的出现：未成年人购买彩票的盛行及赌博的影响》的论文支持了这一发现，他发现许多青少年既吸毒又赌博。

而另一位专家理查德·罗森塔尔博士1992年在《精神病学年刊》上发表的一篇名为《病态赌博》的文章中提到“对化学药物的依赖和病态赌博同时出现的现象是非常频繁的”，“化学药物依赖”是吸毒和嗜酒的代名词。另外，1988年刊登在《英国上瘾杂志》上的亨利·勒西厄博士的文章显示，他研究的一群滥用药品的青少年中，病态赌博的发生率是30%—60%。

共同瘾也被称为“顺序瘾”，意思是指一个人上瘾可能会一个接着一个。一些正在恢复的嗜赌成瘾的赌徒甚至有这样的说法：“嗜酒者放下瓶子，拿起了一沓扑克，放下了一沓扑克，又拿起了一副刀叉。”换句话说，引用这一说法的人认为喝太多酒的人也许可以停止滥用酒精，但他们又开始有赌博的问题。如果他们努力戒了赌，他们可能又有暴饮暴食的问题。

嗜赌成瘾和化学药物依赖之所以相像，是因为二者都与下列问题有关。

· **高度专注于某种行为。**例如，一个人的整个社会生活就是围绕着和朋友喝醉，或者一醒来就担心怎样才有足够的钱付给庄家或者赌博经纪人。

·**慢性的习惯性行为。**例如,一个人6个月里每个周末都喝醉酒,或者3个月里每周玩牌3次。

·**沮丧、忧虑和贬低自尊。**例如,一个人在喝多了之后沮丧之至,并感到生活艰难,或者一个人因赌博输了钱紧张得胃痛之至。

·**否定问题的存在。**找各种借口解释一个显而易见的麻烦,并称其不成为问题。例如,一个人每晚都喝酒,却认为这是对待生命的惟一方法;一个人每个周末都赌,却认为其他人也都做着同样的事。

·**为达到想要的效果,不断增加刺激物的量。**例如,一个人过去常常在星期五晚喝一瓶啤酒就可以了,现在却需要喝3瓶才能达到同样的效果,或者一个人过去每周只花5美元买彩票现在却要花20美元。

·**比原计划赌得更多或者服药量更大。**例如,一个人原本只想喝一杯酒,结果却喝了半瓶,或者一个人原本只想花20美元买彩票结果却花了100美元。

·**家庭和社会关系破裂。**例如,一个人的朋友开始对他喝酒的量和喝的次数感到不舒服,或者一个人的家人对他把钱花在赌博而不是花在食品上感到愤慨。

·**强烈的、不舒服的断瘾症状。**例如,一个人想要戒酒,但是一天没喝酒就觉得没法活,或者一个人想要戒赌又觉得不可能。

赌博和其他恶瘾不同之处

尽管有很多相似之处,赌博和化学药品依赖之间还是有很大的差别。人们发现赌博比化学药品依赖更容易使人上瘾。权威赌博顾问桑德拉·布鲁斯图恩在明尼苏达州教化项目的一本名为《病态赌博和化学药品依赖》的宣传小册子上写道:"一个人可能喝了15年酒,酗酒才成为严重的问题,但是一个病态赌徒可能不到一年就死亡。病态赌博发展得非常迅速,特别是和酒精中毒的进程相比。"青少年嗜好赌博的速度比成年人更迅速。

赌博通常能背着家人和朋友,因此与药物或者酒精问题相比,保守秘密的时间更长。赌博的人不像吸了毒或喝醉酒的人一样步履蹒跚、摔倒或者口齿不清。因此一个人有赌博问题可能更难被外人注意到。

与很多化学药品依赖相比较,嗜赌成瘾往往引起更严重的金融问题。买酒或者药可能很贵,但嗜赌成瘾通常欠下为数几千美元的债务。

赌博的问题和药物及酒精问题之间的最大差别

之一是，普通人对化学药品依赖的了解比对嗜赌成瘾的了解多得多。当然，这也是因为彩票和其他赌博场所以及与嗜赌成瘾有关问题的发展很迅速，而社会还未广泛意识到这个问题。

赌博可能致命

化学药品依赖和赌博都可能是致命的。化学药品依赖经常导致剂量过大和死亡。嗜赌成瘾通过犯罪或者自杀导致死亡。明尼苏达州公共健康研究所的主任罗杰·斯文森博士报告：嗜赌成瘾赌徒的自杀率比其他人群高 5 到 10 倍。

很多嗜赌成瘾的赌徒为了弄到赌本而犯罪，并因此危及他们的生命。在美国，1992 年做的一个调查发现三分之二嗜赌成瘾的赌徒通过非法活动获取赌资。这一调查是 6 个州扶持的病态赌博治疗中心所做的研究，调查对象为 1 342 个嗜赌成瘾的赌徒。

当青少年嗜赌成瘾发展到欠赌博经纪人数千美元，或者感到没有办法偿还的时候，他可能会想到自杀。有时，嗜赌成瘾的赌徒认为自杀是解决问题的惟一办法。如果赌博使他和父母疏远，迫使他以偷供赌，严重影响他在学校的成绩，使他与朋友孤立开来，那么这个青少年也可能感到除了自杀没有别的解决办法。如果你知道的某个人由于赌博或者其他的问题正在考虑自杀,请尽快告诉学校辅导员或一个可信赖的大人或打热线。正在考虑自杀的青少年有很多求助的办法。尽管在他们想自杀时一筹莫展,其实摆脱困境,解决问题的方法有很多。

怎样识别赌博失控的症状

如果你想知道自己或认识的某个人是否嗜赌成瘾,那么就看一看你是否同意以下列举的各项内容,以及同意或不同意的原因。根据来自新泽西州嗜赌成瘾委员会的资料,如果你曾经做过以下任何一件事,你可能就有问题了。

1 用饭费赌博。

2 因为把买衣服或食品的钱用去赌博了而入店行窃。

3 想追回损失,换句话说,即使输钱也继续赌,力图挽回损失。

4 没赢的时候吹嘘自己赢钱,输钱的时候保持沉默。

5 尽量不让朋友或者家人知道自己赌博。

6 为了赌博逃课。

7 因为赌博伤害与家人或朋友之间的感情。

8 偷偷打电话下注或者偷偷离家去赌博。

9 藏匿赌博凭据或者彩票。

10 从父母或其他亲戚和朋友那里借钱或者偷钱赌博。

11 出卖私人财产弄赌资。

如果你或你认识的某个人做过以上列举的任何事情一两次,可能还没有太大问题。但是如果你觉得以上列举的事情非常熟悉,如果你发现自己看这些内容的时候感到不舒服或者焦虑不安,如果你开始想知道赌博的其他行为类型有哪些,或者,如果只要想想这个问题你就感到愤怒的话,那么你可能得进一步考虑你或者某个人与赌博的关系了。

你嗜赌成瘾吗?

如果对以下任何问题你的回答都是肯定的话,你可能得考虑一下你是否已经赌得失去了控制。这些问题是根据那些致力于帮助嗜赌成瘾赌徒的组织所提出的调查问题改编的。

1. 你因为赌博耽误过上学吗?

2. 你的成绩因为赌博下降了吗?

3. 你在学校赌博吗?

4. 你觉得赢钱时你的朋友因此嫉妒你,或者因为赢钱你得到额外的注意了吗?

5. 赌博是你目前最令自己激动的事情吗?

6. 你的父母中有人赌得很厉害吗?

7. 你的生活是围绕着与体育有关的刊物、电视上的体育竞赛,以及查体育竞赛的得分和获胜者转吗?

8. 你每周两次以上查看体育或彩票中奖号码吗?

9. 在你的谈话过程中,与赌博或赌博语言有关的话越来越多吗?

10. 你是为了逃避烦恼或者麻烦而赌博吗?

11. 你用赌博消磨空闲时间吗?

12. 你的家人或朋友注意到你的行为或性格方面的变化了吗? 例如变得急躁,不耐烦,或者爱讽刺人。

13. 辩论、失望或挫折使你的内心产生赌博的强烈欲望吗?

14. 你为筹备赌资拿了什么不属于你的东西或者做了什么不合法的事情吗?

15. 你赌到把最后一美元输光,甚至输了你原本计划买其他东西的零用钱吗?

16. 在输了之后,你觉得你必须返回赌场尽快把输的钱赢回来吗？

17. 赌博使你难以入睡吗？

18. 你曾想过以自杀作为解决问题的方法吗？

赌徒想些什么？

安东尼玩老虎机时想：只要他集中注意力，他就能控制老虎机上的画面。沉迷于彩票的人经常有一种强烈的恐惧感，他们生怕自己哪天没赌，而"幸运号码" 就在他们不赌的那天中奖。

虽然他们一方面明白事理，但另一方面，嗜赌成瘾的赌徒几乎都相信魔术。例如，他们可能相信技巧或者能力在机会赌博的结果中起作用。其实，即使扑克或者骰子等赌博中有一些技巧，运气仍然在赌博中起着主要作用。在彩票、轮盘赌或者老虎机等纯机会的游戏中更是如此，没有任何技巧能影响结果。还有，或许因为他们赢的愿望太强，成瘾的赌徒认识不到或者拒绝认识这个显而易见的简单事实。他们可能还是相信，他们应该赢，这个"应该"也会影响牌、骰子和老虎机。

成瘾的赌徒随时期望"巩固"自己的赢。因此，当他们真的赢了一次，他们就相信这是他们控制的结果。即使他们“没能控制结果”的次数比这更多更经常,他们仍然相信这一点。成瘾的赌徒受“间歇性巩固”的诱惑。他们不知道什么时候结果能得到“巩固”,即什么时候再赢,因此他们一而再、再而三地重复赌博这一行为。例如,经常买彩票或者玩扑克的人,有时的确会赢。如果嗜赌成瘾的赌徒每天买彩票,一年内他们总有机会或大或小地赢几次。因此,赢,强化了他们能够控制结果的信心。有时,他们的赢得到巩固,但大多数时候他们不那么幸运。赢的钱还不够弥补输的钱。

根据美国国家嗜赌成瘾委员会的专家介绍,成瘾的赌徒都经历过 3 个主要阶段。

1. 赢的阶段 在这一阶段,赌徒大赢一次甚至几次。赌徒的反应是感到激动和高兴。但嗜赌成瘾的赌徒不是休息一会儿——享受钱和胜利的果实,而是感到焦虑不安、紧张、非常激动或许还有愤怒或者报仇的心理。“现在我要让那些认为我是输家的人瞧瞧!”这种感觉促使那些成瘾的赌徒很快再次投入赌博。

2. 输的阶段 嗜赌成瘾的赌徒现在已经赌了一些时候,尽管他们有可能大赢了几次,但他们输得更多,且将他们赢的一笔勾销。然而成瘾的赌徒们相信还会赢大奖,而且马上就能赢,因为,毕竟他以前的确赢过几次大的。他把能花的钱都花在赌博上，即使借钱或者出售个人财产。那种毫无根据的乐观使赌徒陷入困境，即使他再赢一大奖，仍然负债累累，因为他花费的赌资远比他赢的多得多。尽管如此，赌徒们继续赌博，也继续输钱。

3. 绝望阶段　这个阶段不可避免地出现在所有嗜赌成瘾的赌徒身上。在这个阶段，嗜赌成瘾的赌徒只想关于赌博的事。他们的人格可以改变，他们可能撒谎、借债，甚至很可能偷窃。他们可能控制不了自己的生活，好像每个人都在和他们作对，每件事都不顺心。学业和工作可能被忽视，人际关系可能很失败。他们可能变得绝望，因为他们不能支付债务，他们的名声可能被毁坏，生命看起来毫无希望，他们甚至可能产生了自杀的想法。

每个嗜赌成瘾的赌徒都经历过这些阶段——也可以用这一过程来确定一个人是否嗜赌成瘾。赌徒不会按不同的顺序经历这些阶段，但他们可能经历不只一次。例如，如果一个嗜赌成瘾的赌徒意识到他正陷入麻烦，因为他开始对他的家人说谎，他可以控制自己从第三 阶段回到第一阶段。但是，如果没有人帮助，他很有可能会再次经历那些过程，直到他无法控制为止。这时候赌徒就必须寻找帮助了。

5

从嗜赌成瘾中恢复

麦克在他家附近的一个社区中心看见一个关于匿名戒赌会的传单。他决定戒赌，这好像是开始戒赌的好方法。他的计划是，要爸爸和他一起去。那天晚上，他一直等到他爸爸打完扑克回来才睡觉。麦克知道他正冒着他爸爸对这一想法发火的危险。但是他觉得这个险值得冒。他爸爸一进门，麦克就问："爸爸，你明天和我一起去匿名戒赌会好吗？"麦克的爸爸把他身后的门使劲关上后吼道："我干吗要做那样的事？"他爸爸拖着沉重的脚步到自己的房间上床睡觉去了。不过第二天早餐时，他把麦克拉到一边，并对他说如果这事对麦克很重要的话，他会去。麦克为他的计划起了作用感到震惊。好像他做了一件正确的事，这种感觉以前从未有过。第二天晚上，他和爸爸在漆黑的夜幕中向匿名戒赌会走去的时候，他感到了理解和希望。他不能肯定，他和爸爸能否做他们必须做的事。但当他抬头看见社区中心地下室那明亮的窗户，看见其他人在里面走动时，他受到了鼓舞。

在美国，青少年克服赌瘾的方式有很多。很多人发现从匿名戒赌会或者其他赌博治疗组织那里得到治疗是戒赌的一种好方法。匿名戒赌会是一个国际组织，它是两个人于 1957 年 1 月一次邂逅的结果。这两个人有过因着迷于赌博而陷入困境的历史。他们开始定期见面互相帮助。几个月过去了，他们发现俩人谁也没再赌博。他们得出结论：为了防止赌瘾复发，他们必须改变内在性格。为了达到这个目的，他们用了一些数千人用过的从其他瘾，如酒瘾中恢复的原则作指南。这些原则因为遵循一套 12 条的规章，自始至终指导戒赌者恢复的过程，被称为“12 步计划”。

创始人想把他们希望的消息带给其他嗜赌成瘾的赌徒们。于是，他们成立了组织，匿名戒赌会第一次小组集会于 1957 年 9 月 13 日，星期五，在洛杉矶举行。从那时起，匿名戒赌小组稳定增长，盛行于整个世界。

匿名戒赌会会员的惟一的要求是要有戒赌的愿望，不收任何费用。小组通过成员捐助而自力更生。

它的主要目的是戒嗜赌成瘾的赌博。在一些地区,还有特别针对青少年的小组。

有时,仅仅搬到另一处居住就能帮助一个青少年从困境中恢复。这减轻了摆脱赌博者或赌博盛行的群体的戒赌过程的痛苦。不过,青少年通常无权决定他们住哪儿,因此这种选择通常不大可行。

青少年戒赌的另一种方式是在他的生活中认识一个新的人,并以这个人作为榜样并从这个人那里获得帮助。

记住:从嗜赌成瘾中恢复可能引起断瘾的生理症状,例如胃痛、恶心、头痛、背痛、失眠和精神或感情上的压抑或沮丧。这些症状是正常的,而且随着恢复的继续症状将消失。

戒赌行动的第一步是承诺彻底戒赌。最初的几天和最初的几周是最难的。因为嗜赌成瘾是一种冲动控制障碍的表现,所以要制止促使人们赌博的冲动是有困难的。随着时间的推移,远离赌博活动变得更容易些。

在这段时间内,让这个人做一些完全与赌博不同的事情不失为一个好主意。以下是一些建议,这些建议包括开始某项运动或减肥训练计划,打篮球或其他剧烈运动,而且真正到学校课堂学习。还有些其他建议，包括自愿参加学校的一个俱乐部，读一些新书或者主动帮助年迈的邻居。

试图戒赌的人还必须致力提高自尊。列一张清单记下做过的全部好事以及做好事的感受，不失为一个有效的办法。与一位关心他的成年人开始交往并建立起一种关系，也会使青少年感觉良好。

另外，青少年热线电话、咨询顾问、社区组织都可以为青少年戒赌提供很好的帮助。

6

赌博和家庭

戴夫发现自己之所以能够轻松地放弃打牌的主要原因之一是他的家里没人赌博，至少赌得不多。他的祖母倒是每周五晚上打打麻将，一种源于中国的像多米诺骨牌一样的牌。但是仅仅把赌注控制在每晚 20 美元。戴夫的姑姑假期偶尔去大西洋城并在赌场赌上一把。但是戴夫的父母从不赌博。

萨姆的父母总是娱乐性地赌一赌，他们告诉萨姆，在他 16 岁生日的时候想为他举行一个大的聚会。最初，萨姆想以服装为聚会的主题，因为他的生日在万圣节前后。后来他又想租体育场地办一个运动聚会。最后他决定举行一个赌场聚会。他在门前摆一张桌子，给每位客人价值 1 000 美元的筹码。然后，他的朋友进到他家里，房间分成不同的赌博场地，有 21

点、轮盘赌、扑克比赛、掷骰子比赛，还有模拟的赛马比赛。客人们用筹码赌比赛，在聚会结束时，谁赢得最多，萨姆就送谁一张光盘。其中两位朋友赢的筹码最多，几乎不分胜负，他们开始推推搡搡，争论究竟谁该得到光盘。

有天夜晚，安德烈娅做完了家庭作业后，打开计算机上网。可是，她经常访问的聊天室很无聊，经常和她聊天的网友也不在。她点开收藏夹找到她最喜爱的网站，并访问了她最喜爱的音乐组合。其中的一个网站有一个在线赌场的广告。尽管安德烈娅不喜欢赌博，但她对这个广告感兴趣，于是她点击了广告。在她进一步点击之前，网站首先问她是否超过 18 岁。安德烈娅只有 15 岁。她不知道自己该不该撒谎。

麦克的父母星期五晚上总是在家里打扑克，麦克喜欢站在旁边看。他被在参与者之间转来转去的钱和堆在桌上成堆的硬币迷住了。因此，不到 12 岁，麦克已经坐到桌前和他的父母一起打牌了。后来，麦克的父亲晚餐之后带他散步到街角商店买彩票。再后来，麦克的父亲带他到赛马场。麦克的父亲给他 2 美元让他赌，他父亲自己赌 10 美元或者 20 美元。麦克天真地把那些晚餐后的散步和去赛马场的记忆当作他与父亲在一起度过的最美好的时光。虽然匿名戒赌会正在帮助他们,但是麦克仍然感到伤心,赌博曾使他和他父亲走到一起,但是现在却成了他们俩的大问题。

大多数青少年都是从他们的家人那儿学会赌博的。也许是一位父亲每周日带儿子或女儿一起去买彩票,也许是爷爷奶奶每周五的晚上和孙子孙女一起打牌玩几个小钱。如果一位青少年的父母只是为了社交而赌博,那么由此对青少年产生的影响不会是长期的问题。但是,即使他的父母不是赌徒,青少年也仍然可能沉迷于赌博。如果他的父母亲中的一方或者双方都是问题赌徒或嗜赌成瘾的赌徒的话,那么这位青少年就非常危险。

萨姆的父母之所以允许他举行赌场晚会是因为他们觉得挺有趣。像大多数父母一样,他们觉得在当今这充满危险的社会里,青少年很可能涉足比这样的活动糟得多的赌博,甚至真赌。对他们来说,赌博没有吸毒、酗酒,以及不安全性交危险。但萨姆和他的父母都没有意识到,他的有些来访的朋友把这种假赌当真了。事实上,他那两个朋友为争光盘吵架已经是他们在和赌博经纪人赌博了。萨姆的父亲最终答应给他们每人一张光盘才平息了这件事。萨姆和他的家人甚至有点后悔让他们在晚会上赌博。萨姆伤心还有一个原因：他的两位朋友因为父母不赞同青少年赌博没有能来参加晚会，哪怕假赌也不行。

安德烈娅的父母一点也不知道，她居然能通过因特网的赌博网站下赌。他们在楼下看电视。安德烈娅决定不向网站谎报年龄，于是她点击了《体育画刊》网站。安德烈娅的经历有助于分析为什么一些美国政府官员担心在线赌博，因为制止青少年在他们自己卧室里赌博的机会不多。因特网赌博是惟一能为所有有计算机、调制解调器、电话线和信用卡的人提供赌博的一种形式。美国已经有数百个赌博网站为赌徒提供前所未有的服务，诱惑匿名赌博者。即使很多公司都需要申请表和现金存款以防止未成年人赌博，但仍然有很多青少年涉足。

麦克的家庭生活很不开心。他的父母总是吵架。如果麦克脸上露出一点微笑的话，他的父亲就会问："你为什么这么高兴？"父母中有一位是成瘾的赌徒的话，整个家庭都非常痛苦，因为成瘾的赌徒总带给家人负面影响。要让这种情况下的青少年弄明白发生了什么事很难，但是如果你认为父母中有一位是成瘾的赌徒，你还是有对付的办法的。

家庭问题和赌博

家有成瘾赌徒的青少年可能会竭力把那些问题归咎于自己身上。麦克的父母为他父亲的赌债吵架时，麦克努力想调停，他父亲却对他大喊大叫，他母亲哭个不停。麦克觉得有这些问题都是他的错，其实他真的不知道为什么事情会弄成这样。他的父母许过太多承诺，可是从来没有兑现过，所以麦克再也不相信他们说的话了。

有时麦克成了替罪羊。如果他的父亲哪天输了很多钱，而母亲在外工作还没有回来的话，父亲就拿他出气。他将对麦克大喊大叫，叫他去洗衣服或去做晚饭。他要麦克整个晚上都待在自己的房间，不让他用电话，也不让他找朋友玩。这其实都没什么大不了的：麦克早就失去了大多数的朋友。以前朋友来他家时，经常见识他家发生的问题。例如，他爸爸经常在赌场赌通宵，回家后就睡在沙发上，这让麦克很尴尬。家里经常乱糟糟的，麦克也不想让朋友看见这些。

最后，常常是麦克做他父母没做的家务事。大多数时候，他并不介意，因为他知道他母亲工作有多辛苦，他的父亲惹了多少麻烦。但他真的很想弄更多赌资。麦克以为如果他赌博能赢更多钱的话，他家的问题就能得到解决。

父母有嗜赌成瘾问题的症状

你是否想知道你父母是不是嗜赌成瘾的赌徒？你可能感到很困惑，因为你觉得有什么事不对劲，但又不知道到底是什么。嗜赌成瘾经常难以鉴定。酗酒的父母可能有更明显的症状，比如语无伦次或者醉态百出，但是怎样才知道一名家庭成员在与一个赌博经纪人赊账，背着家人和亲友在进行赌博呢？

如果父母有工作，但却经常不去上班，或者不断地下岗，就很可能有问题。如果父母有烟瘾或酗酒，就更该引起注意了。

很多父母的信用卡账单的债权人可能打电话来催债，甚至骚扰；或者父母欠钱的赌博经纪人打来电话催债。父母可能由于把钱输掉后没钱付账吵架。赌博可能引起离婚，使家庭负债。伊利诺伊州嗜赌成瘾委员会调查了200个嗜赌成瘾的赌徒，发现16%的人由于赌博离了婚，还有10%已经分居。

父母可能失眠，沮丧，整个家里的人彼此猜疑，互不信任。还可能虐待配偶或酗酒、吸毒。青少年可能感到被赌徒父母忽视,导致沮丧甚至自杀。

如果父母、家里其他人或者朋友赌得很厉害怎么办

如果你知道有人赌博赌得很多的话,你一定对这个人的一举一动都能感觉得到。或许你为朋友将把他上大学的存款赌输掉担心;或许一位朋友因为赌博以后和你的关系越来越疏远,而你本来希望你们两个走得更近些;父母亲的赌博行为可能引起你的担忧,特别是如果家庭关系很紧张的话。如果你想与朋友或者家人谈谈他们赌博的事,你可以做以下几件事。这些建议是根据美国研究赌博问题的专著改写的。你可以选择一个合适的、安静的时机和他们交谈,交谈前和交谈时你和他都不喝酒。

1. 告诉他你很关心他,你为你所看到的他的行为担忧。可以说一些这样的话:

- “我爱你和妈妈,而且担心你赌得太凶了。”
- “我爱你,不希望你有麻烦。”
- “作为一位好朋友我为你担心,因为你现在做的事可能为你带来麻烦。”

2.确切地告诉他所做的什么事让你担忧。可以说一些这样的话：

·“你没付电话费，他们打电话说电话要停机。”

·“你借我的钱还没还。”

·“你不在家吃晚饭，而且上床睡觉时我没看见你。”

3.在你告诉他你关心他以及你的所见所感之后，很重要的是你得愿意听听他说些什么。他可能会：

·什么也不说，因为他可能不准备与你交谈。

·生气并告诉你这些事情与你无关。

·感谢你并主动提出他会考虑改变他的举动。

·突然说一些你意想不到或令人不安的话。这显示他问题的严重程度可能比你所怀疑的更令人担心。

4.告诉他你希望他做的事。这些事包括：

·在未来的日子里规定一个赌注限额。

·和一位信赖的朋友、亲戚谈谈。

·打电话给戒赌热线。

·咨询并加入匿名戒赌会。

5.告诉他你愿意帮助、能够帮助他做的事。这些事包括：

·找时间和他再谈一次。

• 帮助他寻求帮助。不过,帮助不包括借钱给他。

如果父母是成瘾赌徒,你该如何化解愤怒

如果父亲或母亲把原本打算用于买食品、衣服或交学费的钱赌输掉了,该怎么办?孩子很可能感到非常气愤。这时候参加匿名赌徒家人戒赌会可能很有帮助。参加这个戒赌会的人本身不是赌徒,他们是受成瘾的赌徒影响的人,包括赌徒的孩子、妻子、丈夫、亲戚和密友。在美国,大多数大城市都有匿名赌徒家人戒赌会。

他们举行座谈会让每个人畅所欲言,帮助它的成员寻找解决问题的办法,从而应对嗜赌成瘾的赌徒引起的各种问题。

如果一个人真的决定采取行动,有一点是应该事先想到的,不要期望情况能够立刻得以改变。采取行动的目标是让那些参加者改变自己的心情,而不是改变有赌博问题的人的行为。任何类似的变化都需要时间、精力和足够的耐心。

7

赌博和学校、赌博和社区

学校请来了特邀嘉宾，嘉宾问班上的同学："你们当中有没有人感到自己必须赌而且戒不掉？有没有偷父母的钱去赌博呢？有没有与一个赌博经纪人赌体育比赛呢？不要回答我，请你们自己想一想这些问题。"麦克在心里暗暗地回答"有"，然后他把书桌稍稍往后拉了一点。大多数同学都知道麦克喜欢赌博。他们会揭发他吗？他真想跑出教室，但他的老师站在门口。

这周是麦克学校的戒瘾教育周，学生们已经听了几个关于毒品、酒和烟的讲座。麦克知道了毒品、酒和烟会上瘾。但赌博讲座是个新事物。从来没有人告诉他赌博可能上瘾。

麦克想知道自己是否已经赌上瘾了。他想到每天早晨上学路上他在街角商店买彩票的情景。虽然他还很小,不能合法购买彩票,但柜台后面的那个人从来没问他,他是否是未成年人。他想到他口袋里的骰子,这些骰子是准备在学校餐厅吃完午餐后用来做“赌小”游戏的。教师知道学生在赌,但他们好像并不关心。麦克想得最多的还是他这周为赌体育比赛欠赌博经纪人的500美元这件事。这次,麦克没钱还了。他听说,如果自己没钱还给赌博经纪人的话,最终他就可能被打伤住医院了,或者更糟。

正在这时,嘉宾又说道:“如果你认为自己有赌博问题,给我打电话。我会帮助你。”这时麦克最担心的事情发生了。斯克特,一个总是多嘴的家伙,叫了起来:“喂,你会为麦克还他欠赌博经纪人的钱吗?”每人都笑了起来,转过身看着麦克。麦克真希望自己从教室跑出去再也不要回来。

麦克最终真的打了电话并得到了帮助。他很幸运——很多青少年陷入了赌博的困境中,而且没有意识到他们能够得到帮助。新泽西州研究嗜赌成瘾委员会的负责人到学校访问,告诉学生赌博是怎么回事。他给他们讲一些真实的故事,有些青少年因为不能偿还赌博经纪人的赌债吓得不敢去上学,因为这些赌博经纪人就是他们学校的同学。

这位负责人讲了很多故事。但是还有很多故事是不为人所知的。有个男孩为了用午餐钱赌博而从学校自助餐厅偷三明治的事你听说过吗？孩子们下课后在街上的人行道上赌博的事听说过吗？在美国中学流行了一阵子的一种赌博方式叫“赌小”。“赌小”是街上掷双骰子赌博的一种变形。每次赌注为5美元。这种赌博方式历史很久，有时一次“赌小”有数百美元的赌注。

以下是一所美国学校的实例。为了让学生更多地了解赌博，1993年，木桥镇学区是新泽西州第一个实施成瘾赌徒戒赌计划的学区。研究赌博的专家与学生及其家长对话，并与教师一起实施训练日程。学校给他们分发印有鉴定青少年嗜赌成瘾10种迹象和免费电话号码的打印材料。学校管理处规定在学校内以及学校组织的大型活动中不许赌博。如果发现学生在校内赌博，要严加处分。这一规定目的不是为了处罚青少年而是教育和帮助他们。鼓励有赌博问题的学生与辅导员联系。这一规定无法阻止所有的学生赌博，但至少使学生意识到如果他们或者他们的任何朋友有赌博问题，他们有地方求助。

你们学校的同学赌博吗？有人告诉他们不要赌吗？你认为在你们学校应该允许学生赌博吗？为什么？大多数学校的学生手册警告学生不要吸毒、酗酒、性骚扰,但是从未警告他们不要赌博。

但是很多赌博专家认为,学校应该禁止学生在校内打赌。例如,可以允许学生在餐厅玩纸牌,但不允许学生用玩牌打赌。学校关于赌博的规定必须说明什么情况构成赌博,这一规定适用的条件,以及学校对赌博的学生采取措施,并明确应负的义务。如果你有兴趣成立一个委员会帮助你所在的学校订立这样的规定,你可以和学校的指导顾问、教师或者校长谈一谈。

订立学校的规定时要考虑的另一件事是筹措基金时能否赌博。大多数学校和青年组织都没有意识到抽彩是赌博的一种形式。抽彩以及学校彩票是美国一般中学筹集资金最普遍的方式之一。很多赌博专家认为这一做法给学生传递了一种信息,使学生认为青少年赌博是允许而且无害的。如果你想改变你学校目前采取的筹措基金的方式,你可以建议学校采取其他的形式筹集资金,例如自制糕饼义卖,洗车,开跳蚤市场或者工艺品市场。

这些筹措资金的方法和抽彩之间有什么差别?当你付钱洗一部小汽车,买一块杯形蛋糕,或者一本旧书时,你得到的是一种有形的东西。你所购买的不仅仅是一次赢的机会。

美国的大学与中学相比，赌博更流行。美国《体育画刊》杂志在1995年4月、5月、6月的杂志上连续刊登了一篇文章，文章的作者评论“赌博是大学校园肮脏的小秘密，它在大学校园里蔓延”。文章接着谈到学生很容易就与一个赌博经纪人赌上了，并耗尽大量的赌金，最后负债累累。

应对同伴要你赌博的压力

因为戴夫所在的学校很流行掷骰子、打牌及赌体育运动结果，他感到压力很大，他参加了几次。刚开始时他赌几分钱，然后赌五分硬币，再然后赌一美元。戴夫意识到，不论结果是赢是输他都感到不舒服。输了，他有种被欺骗的感觉，赢了朋友的钱，他又有一种负疚感。

戴夫为摆脱这种不舒服的感觉采取的方法，可以是交一些不赌博的朋友，但是他不想那么做。他太喜欢他的那些朋友了，而且也不想和其他人玩。但是，他的朋友赌而他不赌，处于这种情况下的青少年虽然可能和他们的朋友继续保持友谊，但是会有一定的难度。

赌博的朋友可能经常向你借钱。他们可能还，更可能不还。拒绝借钱给任何人不失为一种好办法。你可以告诉朋友你不借钱给别人。这样可以避免很多因为借钱引起的问题，如生气、怨恨，甚至其他极端的问题。

另外，最好不带太多现金到学校。如果青少年身上没多少钱可借，便没人因为你不借钱给他而生气。但如果一个青少年口袋里有一叠钱，需要钱的朋友无论如何都会向他施加压力让他借钱。

避免赌博的另一策略是观赌，但不参赌。虽然同伴会对你施加压力，要你参赌，但是只要你坚持自己的立场，最终其他人也就不再叫你赌了。不过，围观玩牌赌博也有不好的地方。如果玩牌双方意见不一致，或者双方就赌博规则争吵起来，或者万一出现玩牌作弊的情况，当事人可能要求围观的人当裁判，这对仅仅作为围观者的人来说是非常不舒服的。

如果你有一位朋友赌得很凶，你可能想告诉他你为他正在做的可能给他带来麻烦的事情感到担心。告诉你的朋友，你随时都愿意和他聊一聊，并为他寻求帮助，但是你不能借钱给他。

赌博和青少年犯罪

一些问题赌徒的青少年为了弄赌本不惜犯罪，因为他们没有其他方法弄钱。他们的朋友不再借钱给他们，他们的父母也不再给他们钱，而且他们已经把他们存的和他们挣的钱都输掉了。在这点上，青少年赌徒和成瘾的成年赌徒一样。对这两个年龄段的赌徒来说，犯罪和问题赌博如影随形。

《美国新闻和世界报告》1996 年 1 月 15 日刊登的一篇文章分析了犯罪和赌博的关系。文章指出在有赌博的地方犯罪率更高。一计算机分析表明，在全美国犯罪率下降的同时，有赌场的城镇犯罪率却急剧上升。美国全国研究嗜赌成瘾委员会发现，接受治疗的赌徒中 65％犯过罪。有时，在赌输了所有的工资后，赌徒可能为了弄到钱付赌账而犯罪。他们可能把昂贵的珠宝或者其他东西典当掉以筹赌本，然后又报案说东西被盗。赌场周围的警察注意到这一类的假报案有增无减。

当他们合法的筹资途径山穷水尽的时候，成人和青少年为了找赌本所犯下的罪行数不胜数。青少年经常从他们的父母和其他人那里偷现金、支票和信用卡。挪用和打工者偷窃也非常普遍,两者都从雇主那里弄钱。有些赌徒成为赌博经纪人或者耍一些骗人的花招。赌徒常常也是犯罪的目标。窃贼看见他们赢大钱,可能尾随他们,并把他们的胜利果实偷走。

关于赌博经纪人

《芝加哥》杂志 1996 年 10 月刊登的一篇文章谈到,一个名叫乔的有家室的男人,他秘密设庄赌博,客户多达 40 位。他最终被捕,但是因为没有前科,他被罚了点小钱便被假释了。可以想像,乔可能是一位父亲。虽然乔没进监狱服刑,但变成一个赌博经纪人,或者与赌博经纪人赌博绝不是安全之举。与赌博经纪人打赌,可能助长有组织的犯罪,包括贩毒和黑社会暴力。青少年与赌博经纪人打赌时的钱可能被他用于贩毒、放高利贷等活动。

与赌博经纪人打赌可能会发生以下的情况。假设麦克刚开始赌博时用 25 美元赌一场足球比赛。如果他赌的队输了球,他也就输了钱。赌博经纪人很有可能允许麦克下周再赌一次以偿还他的赌债,这样他赢的钱就能付他上周输的钱。不过,麦克最终可能输更多的钱,因此他需要打更大的赌才足以支付他输的钱。在短时间内，麦克和其他人可能输掉很多钱。

青少年的赌博经纪人认为如果青少年无力偿付债务，他们的父母一定会插手，为他们付账的。他们威胁孩子们，给孩子们施加压力要他们付钱，他们也担任高压销售员的角色使青少年继续赌博。他们可能到孩子们的家里，给他们看某人被他们打断腿的照片。

例如，根据一份1996年11月9日的相关的美国的新闻报导，有个中学生下注，赌五位波士顿大学足球运动员，结果被一个纽约赌博经纪人用厚二英寸、宽四英寸的木棒袭击之后送到医院住院。他的父亲告诉《波士顿环球报》，他的儿子欠赌博经纪人4 000美元。为了使儿子免遭进一步伤害，那个学生的父母分四周每周支付1 000美元给他们。但是专家警告父母：帮助病态赌徒的青少年摆脱困境并不能治本。

这些天，戴夫的“幸运”T恤和“幸运”帽被他塞到橱柜的后面。因为自从他不再赌着玩以后，戴夫对它们就不再有多少兴趣。但是，他的朋友还在打扑克。不过他们打得没有以前频繁了，为了进一所好的大学，他们现在更投入于学习。戴夫最近参加了美国给中学生设的学术能力测验，而且考得非常好。他想他以后可能主修数学,或者化学。

萨姆在家里现场出售了他那本名为《怎样梦见你的幸运号》的书。一位老人花五毛钱买了它。萨姆希望老人发现书不管用时不要对他生气。萨姆还在忙于计划赌他的下一次奥斯卡奖。他笃定史密斯或本阿弗莱克一定会获得今年的某个奖项。

安德烈娅依然什么都不赌,但是她发现她喜欢玩一玩 21 点。她和她的堂弟布兰登一起玩,布兰登对猎物卡再也不感兴趣了,他们一起去糖果店时,他也不再为了里面的追星卡而买什么东西,现在布兰登买的是一种很酸的糖果,酸得甚至让人觉得吃了这种糖果会生病。

麦克和他爸爸对他们参加的第一个匿名戒赌会感到满意。令他们惊讶的是有那么多人参加。就连他们的一个邻居也在那儿。每人都得站起来简略地介绍一下自己及其特有的问题。然后有一些人走到前面和大家讲他们自己曾有过的严重的赌博问题以及他们怎样克服这些问题的故事。他们的故事结束时每人都为他们鼓掌。麦克甚至觉得自己要流泪了。

他希望他和他的父亲有一天能够站起来，自豪地跟大家讲他们戒赌的故事。那肯定不容易。但是他有信心那一天一定会到来。

赌博存在于我们现有的社会中，这一点是肯定的。过不了几年，你就会从一个青少年长大成人，到那时你有权合法享用所有类型的赌博。既然你已经看了这本书，你比大多数人都更理解赌博。基于你已经获得的赌博知识，你能够做出赌不赌博的决定，一个对你的生命来说是正确的、负责任的决定。

“同学，咱们聊一聊”丛书

- 同学，咱们聊一聊钱
- 同学，咱们聊一聊抽烟
- 同学，咱们聊一聊家庭
- 同学，咱们聊一聊死亡
- 同学，咱们聊一聊父母
- 同学，咱们聊一聊虐待
- 同学，咱们聊一聊中学生活
- 同学，咱们聊一聊学习障碍
- 同学，咱们聊一聊心理障碍
- 同学，咱们聊一聊青少年赌博

（北京）青少年法律与心理咨询热线：12355